引言

西宁市城西区有个叫“虎台”的大土墩，形状像倒扣的斗，高大挺拔，气势雄伟。关于虎台遗址的用途，民间有多种说法，学术界对虎台的由来也是众说不一。有人认为它是南凉第三代王秃发傉檀的儿子虎台修筑的阅兵台，有人说它是南凉王的陵墓，也有人认为它是烽墩，还有人猜测它是北宋时期唃斯啰青唐政权修建的阿里骨佛塔。正史资料没有记载虎台，一些旧方志仅有简略的描述，如明嘉靖《西宁卫志》记载：“虎台，西距卫治五里，有台九层，高九丈八尺。相传南凉王所筑。秃发傉檀子名虎台，或是其所筑也。或曰将台，亦传南凉所筑。”语气不是很肯定。以后的地方志基本沿用了此说。在上述诸说法中，南凉所筑阅兵点将台之说较为可信。筑虎台用于阅兵，以彰显军威，提高士气，是有可能的。这样的高台功能很多，如祭祀、会盟、誓师、封禅、

拜相、拜师等等，其中祭祀可能是最重要的功能之一。2004 年，西宁市开始依托虎台文物遗址，修建南凉虎台遗址公园，向社会开放。园区中最引人注目的是“三王”大理石巨型雕像。居中者为秃发乌孤，左右排列的是其弟秃发利鹿孤和秃发傉檀。“三王”端坐于高头大马之上，手持长槊，身佩宝剑，雄姿英发，两眼凝视前方，尽显南凉三王文韬武略谋图霸业的雄心壮志。虎台遗址公园的修建与开放，为广大市民提供了一处休闲娱乐的场所，同时，也为广大青少年回顾历史、凭吊先贤提供了一个基地。2006 年，虎台遗址公园建成开放时，秃发傉檀之子源贺的后代——广东省源氏宗亲一行 19 人至西宁寻根祭祖。

另外，西宁市城东区共和路南有个叫“圆山尔”的地方，位于西宁南山东段，周围山峦起伏，有一山包浑圆突兀，高大挺拔，气势雄伟，俯瞰西宁市。这个“圆山尔”高十多丈，占地 20 多亩，顶端呈锥体形。据史书记载，东晋元兴二年（403 年），南凉第二代王秃发利鹿孤病故，葬于西平（今西宁）之东南。“圆山尔”应该是个巨大的墓葬。1999 年，西宁市文物考古队对“圆山尔”进行了初步考察和试掘，证实它不是自然形成，而是人工夯筑而成的，并认定其就是南凉第二代王康王秃发利鹿孤的墓葬。康

王是秃发利鹿孤的谥号。对于这座康王墓，西宁人知道的并不多。

说起虎台和康王墓，人们就不能不进一步追问1600多年前有关南凉王国的一件件往事。南凉王国是何人所建？又是何人所灭？围绕南凉王国的兴衰发生过哪些感人的故事……

简而言之，南凉国起源和发展的梗概是这样的：南凉是鲜卑人的一支——河西鲜卑建立的地方性政权。鲜卑是一个很古老的民族，因曾居住在大鲜卑山附近而得名。大鲜卑山在今内蒙古自治区东北部大兴安岭北段。鲜卑人又分很多支系，建立南凉的秃发鲜卑与建立北魏的拓跋鲜卑有着共同的渊源关系。秃发氏的历史是从拓跋毛开始的。拓跋毛的八代孙拓跋诘汾带领部落从大鲜卑山南迁至阴山一带。诘汾把最高首领位置传给幼子拓跋力微，作为长子的拓跋匹孤难免有失落感，他率部落千余人踏上了千里迢迢的西迁之路。千余鲜卑人在拓跋匹孤的率领下迁至今甘肃省河西、陇右地区，慢慢发展起来，史称“河西鲜卑”。从拓跋匹孤之子寿阗开始，这支鲜卑的姓被史书写成“秃发”。秃发寿阗之孙叫秃发树机能，他曾发动了反晋之战，导致凉州失陷，晋武帝派马隆收复。从此，河西鲜卑的名气越来越大，

在史书中出现的频率不断增加。

公元3世纪末4世纪初，西晋先后发生了“八王之乱”“永嘉之乱”，这两场动乱导致了西晋的亡国以及近300年的动乱，使之后的中原北方进入十六国（所谓的“五胡乱华”）时期。十六国中，汉族人张轨在河西建立的前凉政权政治清明，河西鲜卑拥护前凉的统治。氐人建立的前秦淝水之战后败亡，但前秦派出去西征的氐人吕光却大获全胜。不久吕光建立了政权，因该政权在张氏前凉之后，故史称“后凉”。河西鲜卑与后凉的关系不如与前凉那样融洽。

南凉的开国之主叫秃发乌孤，是拓跋匹孤的八世孙。秃发乌孤即位河西鲜卑的首领后，礼贤下士，招结岭南五郡汉羌等民族中德望秀杰之士，壮大部落实力，于东晋隆安元年（397年），自称“西平王”，建立政权，初都廉川堡，后迁乐都。因为该政权在吕氏所建后凉之南，故史称“南凉”。在秃发乌孤建立南凉政权的同一年，祁连山北吕氏后凉之西又出现了个匈奴旁支沮渠氏拥段业所建政权——北凉。此后，南凉与后凉、北凉之间你争我夺，忽而打仗，忽而结盟，发生过无数大大小小斗智斗勇的故事。

秃发乌孤亡后，其弟秃发利鹿孤继位，迁都西平。利鹿孤在位期间，国势继续得到发展。他听从部下

建议，建立儒学，恢复中衰200多年的公学，功高德伟。利鹿孤病故后其弟秃发傉檀继位。傉檀自幼机警，善权变，在南凉建国过程中功勋卓著，故其二位兄长不传位于子，专传于傉檀。傉檀继位后，将都城迁回乐都，并大筑城池。他采取远交后秦、近攻后凉的策略，巧取河西五郡，于公元406年迁都姑臧（今甘肃武威）。至此，南凉国势臻于极盛。然而此后南凉外遭阳武之败，内遇边、梁之乱，而秃发傉檀刚愎自用，多次以弱攻强，使南凉屡遭重创。又兼多年来南凉国频繁掠徙民户，引起民众怨怒，连年战争、经济崩溃……诸多因素促使南凉国很快由盛趋衰。公元410年，南凉丢弃河西五郡，回迁乐都。此后，傉檀仍多次发动对北凉的战争，国力不断消耗。

在南凉存在期间，后凉的西面曾经出现了汉族人李暠建立的西凉，南凉的东面出现了陇右鲜卑建立的西秦，南面则出现了慕容鲜卑建立的吐谷浑王国。而以长安为都的前秦、后秦势力比上述各个小国更为强大，其领地都曾经与南凉的辖区相接。上述这些政权之间的关系错综复杂，今天互相结盟，明天却又大打出手，忽而大开杀戒，忽而握手言和。其间有太多的武力和权谋的较量，有天花乱坠的高论，有妙不可言的奇谋，有精彩绝伦的战例，也有惨不

忍睹的杀戮……这本书将把它们一一呈现在你面前。

公元 414 年，南凉国都乐都城被强邻西秦乘虚袭破，南凉国亡。

屈指算来，南凉存国总共 18 年（《晋书》卷 126《秃发傉檀载记》记载南凉存国“凡十九年”）。南凉存国虽然短暂，但对青海历史的影响颇为深远。其盛衰剧变，值得后人深思，内中的经验教训值得后人总结汲取。

河西鲜卑的由来及早期活动

南凉建国的时期是我国历史上民族大迁徙的“五胡”十六国时期，即公元4世纪初至5世纪30年代。所谓“五胡”，指是的匈奴、羯、鲜卑、氐、羌5个古代少数民族。上述少数民族和汉族当时所建政权有20多个，最主要的有16个，所以称十六国。十六国当中，有“三秦”（前秦、后秦、西秦）、“四燕”（前燕、后燕、南燕、北燕）、“五凉”（前凉、后凉、南凉、北凉、西凉），南凉就是五凉之一。

南凉是鲜卑人的一支——河西鲜卑建立的政权，开国之主叫秃发乌孤，秃发是部落名，也就是姓。乌孤出生的准确年月史书没有留下记载，大约是东晋穆帝永和六年（350年）前后。他父亲是河西鲜卑秃发部首领秃发思复鞬。思复鞬共生了8个儿子，长子叫秃发奚于，乌孤是老二，乌孤以下还有利鹿孤、

傉檀、文真、文支、吐雷、俱延等诸弟。奚于在乌孤成年前就多次带兵打仗，在一次战斗中牺牲了（下文还要讲到他的事迹）。思复鞬非常重视对乌孤兄弟的教育培养，延请名师教他们学文习武。乌孤与弟利鹿孤、傉檀等自幼受到良好的教育，不仅骑马射箭、舞刀弄棒样样娴熟，而且熟读汉文史书、兵书，了解儒家经典，对天文、地理、历算等方面的知识也有一定涉猎。乌孤兄弟熟读了中原地区汉族的历史典籍后，很想了解鲜卑族的历史，想知道本族祖先的情况。经过多次问询、反复探寻，终于从父祖辈口中知道了河西鲜卑秃发部的来历。

一、八世祖匹孤千里迢迢迁河西

从拓跋毛到拓跋诘汾

鲜卑族是很古老的民族，因曾居住在大鲜卑山附近而得名。正如《魏书》卷一《帝纪第一·序纪》记载："国有大鲜卑山，因以为号。"大鲜卑山在今内蒙古自治区东北部大兴安岭北段，以阿里河（今内蒙古呼伦贝尔市鄂伦春自治旗所在地）西北10公

里的嘎仙洞(即拓跋鲜卑旧墟石室)为中心。秦汉时，鲜卑人过着逐水草迁徙的生活，其西部丘陵地区野生动植物资源非常丰富，因此打猎也是重要的谋生手段。早期鲜卑人没有文字，通过刻木结绳记事，重大事件靠一代代口头传授，风俗淳朴。鲜卑人又分很多支系，建立南凉的秃发鲜卑与建立北魏的拓跋鲜卑有着共同的渊源关系。东汉桓帝时（147—167年），鲜卑首领檀石槐将各部统一起来，并占领了匈奴故地，一度十分强盛。檀石槐死后，联合体瓦解。

据《魏书·序纪》记载，拓跋氏（即秃发氏）历史的序幕是从拓跋毛开始的。拓跋毛聪明英武，智略过人，远近各大小部落都敬服他，推他当了部落联盟的首领。他在位时“统国三十六，大姓九十九，威震北方，莫不率服”。拓跋毛的五代孙拓跋推寅继位后，率领部落向南迁移，来到叫大泽的地方。这里地方辽阔，但沼泽地多，他不太中意，还想南迁，但没有等到开始行动他就得病死了。推寅的八代孙拓跋诘汾长大成人时，他的父亲拓跋邻对他说：“我们现在居牧的地方比较偏僻，远祖推寅时就想再向南迁，但至今因种种原因未能如愿。昨日有神人托梦于我，说这里不宜建都，只有继续南迁，方能兴旺发达。

我已老迈，难以完成这一宏愿，我现在把首领的担子交给你，你要带领部落完成南迁使命。”诘汾应诺下来后，派人打探南方路途情况。探路的人回报说，前面山高谷深，有九难八阻，我等扶老携幼，困难太大。诘汾听后，对是否南迁又有些犹豫了。他的父亲坚定地鼓励说，纵有千难万险，你也不能退缩。于是诘汾决意率部前行。

在草高马肥的季节，选了天气晴朗的日子，诘汾率部落整装出发了。说来也怪，走在最前面的是一匹叫声像牛的骏马，在它的导引下，如同有神指引一样，大批人马行走一年，居然顺利走出高山深谷，来到当年匈奴冒顿单于发迹的阴山（今内蒙古中部阴山山脉）一带。《魏书》卷一《帝纪第一·序纪》所记原话是这样说的：“有神兽，其形似马，其声类牛，先行导引，历年乃出。始居匈奴之故地。”

阴山一带气候温和，水草丰美，草原辽阔，适宜畜牧业发展。拓跋鲜卑迁到这里后，人畜兴旺，部落势力大增。诘汾的长子叫匹孤，为人忠厚，本来应继承首领之位，但实际继位的却是诘汾幼子力微。

图书在版编目（CIP）数据

南凉故事 / 青海省地方志编纂委员会办公室编；崔永红著. -- 西宁：青海人民出版社，2023.2
（走进青海历史文化丛书）
ISBN 978-7-225-06427-7

Ⅰ. ①南… Ⅱ. ①青… ②崔… Ⅲ. ①中国历史—史料—南凉 Ⅳ. ① K238. 06

中国版本图书馆 CIP 数据核字（2022）第 201790 号

走进青海历史文化丛书

南凉故事

青海省地方志编纂委员会办公室　编

崔永红　著

出 版 人　樊原成
出版发行　青海人民出版社有限责任公司
西宁市五四西路 71 号　邮政编码：810023　电话：（0971）6143426（总编室）
发行热线　（0971）6143516 / 6137730
网　　址　http://www.qhrmcbs.com
印　　刷　陕西龙山海天艺术印务有限公司
经　　销　新华书店
开　　本　787 mm × 1092 mm　1/32
印　　张　7.375
字　　数　110 千
版　　次　2023 年 2 月第 1 版　2023 年 2 月第 1 次印刷
书　　号　ISBN 978-7-225-06427-7
定　　价　32.00 元

走进青海
历史文化丛书

南凉故事

青海省地方志编纂委员会办公室　编
崔永红　著

青海人民出版社

目录

纪 80 年代至今，经过几代方志人的不懈努力，全省形成了卷帙浩繁的方志文化成果，构成了一座以地情为重要内容并不断丰富发展的地方志资源宝库，在保存历史、传承文明、繁荣文化、促进发展等方面发挥了重要作用。进入新时代，更好地发挥地方志存史育人资政的功能，必须紧紧抓住深刻阐释优秀传统文化、大力弘扬优秀传统文化这个全部工作的着眼点和发力点。

《走进青海历史文化丛书》是青海省地方志编纂委员会办公室组织编纂的地情文化丛书，以普及青海地方历史和优秀传统文化为宗旨，坚持编纂质量和社会效益第一，突出系统、真实、生动、简明的特点，具有较强的知识性、趣味性、可读性。期望本丛书的出版能进一步坚定全省各族人民的历史自信、文化自信，以史为鉴，继往开来，把可爱的青海建设得更加美好。本丛书是在 2004 年青海省地方志编纂委员会办公室策划编纂的《青海史话》的基础上，经过原编著者认真打磨、反复修改形成的。在编纂过程中，吸收了史学界、文化界最新的研究成果，在此一并致谢。

丛书编辑组

2022 年 10 月

出版说明

文化是民族的精神命脉。坚定的道路自信、理论自信、制度自信，其本质是建立在悠久的文明传承基础上的文化自信。不忘历史才能开辟未来。习近平总书记指出，“优秀传统文化是一个国家、一个民族传承和发展的根本，如果丢掉了，就割断了精神命脉。我们要善于把弘扬优秀传统文化和发展现实文化有机统一起来”，“努力实现传统文化的创造性转化、创新性发展，使之与现实文化相融相通，共同服务以文化人的时代任务”。青海是中华民族和中华文明的重要发源地，青海的历史，见证了中国历史的久远；青海的文化，丰富了中华文化的内涵。建设富裕文明和谐美丽新青海，既需要一代又一代人的接续奋斗，更需要在汲取历史养分中找方向、找动力、找信心。

地方志纵览史实，横陈百科，明远详近，信今传后，既是中华优秀传统文化的重要组成部分，又是中华优秀传统文化世代相继的重要载体。从 20 世

《走进青海历史文化丛书》编纂委员会

“天女”骄子拓跋力微

拓跋力微聪慧异常，深受诘汾的喜爱，在部民中也很有威望。诘汾死后，力微按遗命立为首领，接统部众，他在位58年，享年104岁。力微有王者之相，也有王者之才，当时传言他是“天女”所生，《魏书》卷一《序记》记载了这段传说：有一年，圣武帝诘汾率数万骑兵在一处山泽打猎，忽然看见一辆装有豪华帷幕的三匹马拉的小车从天上飘然落下，定睛一看，车中走出一位漂亮绝伦的女子，在众多护卫和侍从的簇拥下款款前行。诘汾很是诧异，便迎上前施礼问道：“敢问您是何方人氏，怎么来到这荒无人烟的地方？”对方答道：“我乃天女，受命与君结为伴侣。”他二人叙长道短，情意缠绵，相拥夜宿山泽中。次日早起，那女子告辞道：“明年的今天，与君仍在这里相会。”说完便倏忽消失了。到次年的当日，诘汾早早来到去年打过猎的地方，焦急地盼望与天女相见。须臾，果然见到天女飘然而至，怀中抱着一男婴，她把男婴交给诘汾说：“这是君之子，请善待于他，将来子孙承袭，代代将为帝王。”说完化作一缕香气而去。这个男婴就是力微。当时有这样一句谚语在草原上流传：“诘汾皇帝无妇家，力微皇帝无舅家。”[①] 当然传说归传说，不可信以为真。当时神化力微的母亲，是为了神化力微，这是统治的需要。不过，当时的人们对这种传说可是深信不疑的。作为长子的拓跋匹孤没有继立最高首领，仅分有部众，难免有失落感。他决定离开阴山，远徙他处，另谋发展。于是在力微在位初期（约 219—249 年间），他告别弟弟力微，率部落千余人踏上了千里迢迢西迁之路。他们走走停停，停停走走，经过数年跋涉，来到今甘肃河西走廊的北部，即内蒙古阿拉善盟所属草原游牧。

“秃发”即拓跋

秃发乌孤的八代祖匹孤离开拓跋力微后，他所率领西迁的这一支系被修史的人写成“秃发”部。本来这样写为的是与后来建立了北魏的“拓跋”部相区别，但是史书记载却另有说辞，例如《晋书》卷 126

① 《魏书》卷一《序记》所载这段传说的原话是：“初，圣武帝尝率数万骑田于山泽，欻见辎軿自天而下。既至，见美妇人，侍卫甚盛。帝异而问之，对曰：‘我天女也，受命相偶。’遂同寝宿。旦，请还，曰：‘明年周时，复会此处。’言终而别，去如风雨。及期，帝至先所田处，果复相见。天女以所生男授帝曰：‘此君之子也，善养视之。子孙相承，当世为帝王。’语讫而去。子即始祖也。故时人谚曰：‘诘汾皇帝无妇家，力微皇帝无舅家。’帝崩。”

《秃发乌孤载记》记载道:“秃发乌孤，河西鲜卑人也。其先与后魏同出。八世祖匹孤……卒,子寿阗立。初，寿阗之在孕，母胡掖氏因寝而产于被中，鲜卑谓被为‘秃发’,因而氏焉。”就是说,匹孤妻子胡掖氏分娩时，来不及起床坐褥，将儿子寿阗生在被中。鲜卑语称被子为“秃发”，于是从寿阗开始，该部落名称就叫成“秃发”了云云，这是史家的说辞，不足凭信的。

寿阗长大后，继承父业，虽没有什么大的作为，但所统部众人口日益增多，实力不断壮大。寿阗之孙叫树机能，从小顽皮胆大，爱动脑子，长大后骁勇善战，又擅长谋略，办事果敢。寿阗死后，树机能继立。数年后，树机能集众数万，常出没雍州（治长安，今西安市西北，辖境相当今陕西中部、甘肃东南部、宁夏南部及青海黄河以南的一部分)、凉州。关于凉州，这里需要多说几句，凉州是两汉时期十三刺史部之一,汉武帝时始设,属于巡察监督区划单位,其监察区域是今甘宁青等地。东汉时治所在今甘肃省张家川回族自治县，到建安十八年（213年），凉州废，今青海、甘肃地区的各郡改隶雍州（治长安）。三国魏时恢复凉州建置，治所在今甘肃武威凉州区。此时辖区缩小为甘肃河西走廊和青海河湟地区一带。

这时正是曹魏末年，河西陇右地区的军事长官是魏镇西将军、都督陇右诸军事邓艾。邓艾是三国时期魏国杰出的军事家，是个大名鼎鼎的人物，他深谙兵法，屡立战功，特别是在攻打蜀汉之战中的贡献令人啧啧称奇。当时树机能给邓艾上表，表示愿臣属于魏。邓艾与幕僚商议了一下，认为陇右地区自汉以来就是羌胡杂处之地，将鲜卑人安置进来，与当地汉族、羌胡之人杂处，使他们逐渐熟悉并接受朝廷礼仪制度，于我朝也无大害，省得他们朝夕抢掠,搞得边界不宁。于是允准数万鲜卑人迁至河西、陇右地区。后来这支鲜卑人游牧的范围，东北到今甘肃平凉北部，正东到甘肃靖远北部，南到青海东部贵德县一带，西达青海湖环湖地区，北接甘肃武威以北的腾格里沙漠。史称这支鲜卑为河西鲜卑。

二、秃发树机能反晋

与胡烈激战万斛堆

公元 265 年，原曹魏权臣司马懿的孙子司马炎逼曹魏末代皇帝曹奂“禅让”江山，当上了皇帝，他就是晋武帝。从此，中国历史进入西晋纪年。

晋时承袭汉魏行政体制，朝廷设“护羌校尉”对居住在河西地区的羌人、胡人（鲜卑、匈奴、月支、粟特等）进行管理和领护（校尉之职一般由州刺史兼任）。担任护羌校尉的官员如果为官清廉，对少数民族一视同仁，恩威并重，那么羌胡人等就会相安无事，社会就相对安定；如果碰上贪赃枉法之徒，则各族人民都要深受其苦，少数民族的苦更重一等。实在忍无可忍，他们就会拿起武器反抗。晋武帝泰始六年（270年），秃发寿阗之孙——秃发匹孤重孙秃发树机能率部反晋，就是因为碰上了赃官。

司马炎上台后，不劳而食的官员急剧增加，朝廷向老百姓摊派的徭役、兵役比前朝繁重，征收的田租比前朝规定的数额增加了近一倍，绵绢之类增加了二分之一。百姓生活困苦。泰始四至五年（268—269年），河西陇右地区连年遭遇水旱之灾。秃发树机能经常听到部民痛苦的抱怨，他招集小头目们议事时，有不少人提议反叛朝廷，树机能虽未同意，但一些羌胡部落仍擅自发动了骚乱。泰始五年二月，司马炎从雍、凉等州分出一些县，设立了秦州（州府在今甘肃甘谷东），派胡烈担任刺史，要他对西北杂胡严加防范。胡烈是个有勇无谋、刚愎自用的武夫，他认为“胡夷兽心，不与华同，鲜卑最甚”，到任后根本不闻不问各少数民族有何疾苦，不采取任何赈济灾荒和安抚赤贫的措施，只是耀武扬威，妄加杀伐。到任不足一年，终于激起事变。

胡烈听说树机能聚集兵马，可能要闹事，就督兵来到万斛堆（今甘肃靖远县南祖厉河支流北河河口），与树机能对垒。树机能不急不躁，先派老弱之兵挑战，略一交战，立即败逃。胡烈率领的晋军三战三胜，便认为河西鲜卑没什么能耐，不堪一击。这时，树机能亲自带兵与胡烈交战，他仍使用诱兵之计，把胡烈引到预先设伏的山谷中，鲜卑兵四面跃起，把晋兵分割成数段，胡烈冲突不出，身受重伤。晋兵逃的逃，死的死，伤的伤，无人来救胡烈。胡烈终因流血过多而死。

胡烈战死的消息传出去，晋朝朝野大为震惊，河西鲜卑声势大振。

当时担任都督雍凉州诸军事的官员是晋扶风王司马亮，他急派将军刘旗援助胡烈。刘旗听说胡烈战死，不敢速进，只是在中途逗留。晋武帝不断接到西北胡人反乱的警报，下诏将司马亮降职三级，并命他将刘旗押到朝廷处死。司马亮慌忙上书求情，刘旗才免于被斩。晋朝改派尚书石鉴为安西将军、都督秦州诸军事，派前河西尹杜预为秦州刺史兼领东羌校尉，共同出讨树机能。石鉴以前与杜预有私仇，想借此机会陷害杜预。于是他命令杜预从速出击,不得延期。杜预是那位曾为《春秋左传》写“集解”的大学问家，知道石鉴的用意，但作为下级，又不能硬顶，于是写信陈述他的看法，大意是:现在正是草高马肥的季节，鲜卑人刚刚打了胜仗，士气正盛；而官军远行乏粮，势必难以持久。当今之计，应先大力组织军民运送粮草,等明年开春再进攻,方可制胜。石鉴看信后大怒，给杜预扣上怯懦不进、贻误战机的罪名，又罗列了其他一些罪名，给晋武帝奏了一本。朝廷派御史到秦州，用囚车将杜预拉到京城洛阳问罪。幸亏杜预是司马氏的驸马，援引当时皇亲国戚可以减罪的旧例,被免罪释放。那石鉴既然下了让部将出击的命令，他只好硬着头皮亲自率兵进攻，但一再进攻，一再被树机能击败。陇右军情的发展正好印证了杜预的预料。石鉴终因日久无功却虚报军功获罪，受了免官的处分。

凉州失陷

晋泰始七年（271 年），在树机能率部反晋取得胜利的鼓舞下，居住在北地郡（郡府在今宁夏吴忠附近）的匈奴、屠各、卢水胡、羯胡等部族也纷起反晋，与树机能相互声援，进围金城郡（郡府在今甘肃榆中县）。凉州刺史牵弘率军镇压，双方战于青山（今甘肃环县西），官军被围，牵弘战死。在此之前，晋朝有个官员叫陈骞的曾对司马炎说过："胡烈、牵弘都是有勇无谋、刚愎自用的人，非安边之材，将为国耻，不可重用。"当时司马炎没有听进去。这两个武夫上任不久果然"失羌戎之和"，一前一后战败身亡，证明陈骞识人不误，司马炎后悔也无济于事了。

晋泰始十年（274 年），河西鲜卑又攻掠晋金城郡，晋派镇西将军汝阴王司马骏率部进讨。司马骏善于用兵，咸宁元年（275 年），晋军与鲜卑部落兵交战于金城郡西，鲜卑兵败，晋军奋勇追杀，斩 3000 余人。司马骏乘胜派 7000 精兵接替凉州守兵。树机能听到消息后，与部帅侯弹勃合谋，企图将晋兵劫持过来。司马骏派部将文淑调集凉、秦、雍诸州地方兵，做好与树机能决战的准备。树机能见晋军人数众多，军容整齐，不敢硬抗，便派所管 20 部的首领和侯弹勃一起向晋军投降，各部首领都送一子为人质。他这里一降，影响所及，西北地区各支系鲜卑、匈奴等胡降者共达 20 万口。但三年后，河西鲜卑又发起反晋之战。

树机能反晋之战爆发初期，具有农民反压迫的正义性质。但发展到后来，演变成地方豪强攻城略地，割据一方，对抗朝廷的战事。晋咸宁四年（278年）六月，树机能的同党若罗拔能率部在武威郡起事，晋凉州刺史杨欣率官兵讨伐，在丹岭（今甘肃山丹县）展开激战，杨欣败死。次年正月，秃发树机能再次发动战事，率部攻打凉州，占领了州府所在地姑臧（今武威市凉州区）以及州属主要城镇，阻断了晋与河西的交通。

当时河西陇右地区社会动荡不安，富豪之家为求自保，纷纷构筑坞堡自卫。坞堡，又称坞壁，有的地方称为“寨子”，是一种民间防卫性建筑，实际上就是小型城池。河西汉族官吏、豪门均筑有坞堡，可以指挥各自的私兵凭堡自守，树机能部一时难以攻破。尽管如此，凉州失陷的消息还是让晋武帝司马炎十分头痛。他召集大臣出谋划策，如何才能制服树机能，收复凉州。朝内仆射（即宰相）李熹说：“陛下如能起用匈奴五部之兵，给他们的首领刘渊（字元海）授个将军的名号，叫他带领部众西征，以夷制夷，树机能的脑袋指日可削了。”他说的“匈奴五部”是南匈奴的一部分，自东汉以来由漠南迁居于今山西省境内，约有数万户。魏时区分为中、左、右、南、北五部，部帅姓刘氏。另一位大臣叫孔恂的听了李熹的话，立即表示反对。他说："匈奴五部天性骁勇、弓马便利，又桀骜不驯，如刘元海果真削了树机能的头，则凉州的麻烦更大了。陛下您想一想，蛟龙得云雨，还能是池中物吗？"武帝一听，遂打消了用匈奴攻打河西鲜卑的念头。

马隆收复凉州

秃发鲜卑树机能仍在河西活动，晋武帝寝食难安。一日，他临朝叹道："何人能为我讨平此虏？"朝臣们面面相觑，无人应对。半晌，左班内闪出一人道："陛下如果肯任用微臣，臣定能平虏。"

武帝仔细一瞧，原来是年轻军官马隆，此人官位只是较低品级的司马督。便接口道："卿能平贼，当然委任，但不知卿将用何方略？"

马隆说："臣请招募勇士三千人，应募者身份不受限制，无论出于田亩、出于行伍、出于逋逃、出于奴隶都不必计较，由臣率领鼓行而西。至于方略，陛下不必预问，由臣临敌制谋，随机应变。秉陛下威德，树机能丑虏，何足灭哉！"

武帝听后大喜，当即任命马隆为讨虏护军兼武威太守。朝廷公卿们窃窃私语一阵后，七嘴八舌地对武帝说道："现成的朝廷军、州郡兵那么多，随便调用就可制敌，何必再募勇士以乱国家制度？马隆资浅小将，信口胡说，不可听从。"武帝不听，决意任用马隆。

马隆首先设局募兵，他的验兵标准是：手能拉开 10 钧（每钧 30 斤）的弓，腰能引 36 钧的弩。他亲自立标测试，从早至午，募足 3500 人，又亲自到武器库中挑选兵器。管理兵器的武库令一开始只给他一些腐朽不能用的破烂货，马隆发了火，与武库令争吵起来。争吵的事传到负责监察的御史中丞耳中，御史中丞把马隆告到武帝那里，要求治马隆无理取闹之罪。马隆对武帝说："臣从今往后将要冒死赴战，以报皇帝知遇之恩。可是武库令只给我们发曹魏时弃置不用的旧兵器，根本不能用，这是有违陛下派臣灭贼之意的呀。"武帝便传谕武库令，任凭马隆在库中自行选择。马隆这才选足精良武器，分给勇士。入朝辞行时，武帝让他带足三年的军资。马隆谢恩出都，向西进发。

却说树机能攻占凉州后，放纵部落抢掠，很不得民心。他还沾沾自喜，认为晋朝再派不出什么精兵良将了。他的部下猝跋韩说："听说司马炎派了一员骁将西来，不日将到凉州边界，大人还是小心防范为好。”树机能说：“我正要看看这员骁将有什么本事。”遂下令严守武威以东千余里地方的险关要隘。

西晋咸宁五年（279年）冬十一月，马隆所率晋军渡过温水（约在今甘肃景泰县以东）。树机能派数万鲜卑兵据险阻止，或设埋伏以截晋军之后。马隆见山路崎岖，不能贸然前进，便下令制造偏箱车，兵士乘车缓慢前进。遇到地方辽阔，联车为营，四面排设防止战马冲突的木刺，以鹿角车营整体推进；遇到道路狭窄处，另用木板合围固定成房屋形状覆盖在车上，以避弓弩。鲜卑兵虽有埋伏，也好像对晋兵威胁不大。即便出来拦截，也拦截不住。马隆还采集当地磁石在狭隘道口垒墙，他所率领的兵卒尽披犀甲，往来无碍，而鲜卑兵大多身披铁甲，到磁墙跟前便被吸住，行走不便，他们纷纷传言马隆有神法，会“定身”术，不免有恐惧心理。马隆且战且前，并令勇士挽弓四射，鲜卑兵应弦而倒者不计其数。就这样，马隆冒险进兵，奇谋间发，出敌不意，转战千里，杀伤敌兵数千人，顺利来到凉州所辖武威地面。

自从马隆领兵西进，音信断绝，朝廷很是忧虑，有人传言马隆等已全军覆没了。有一天，马隆派的使者突然来到京城，晋武帝方知马隆一行安抵武威，他喜不自禁，拊掌大笑。次日朝堂上对群臣说："朕如果误听众卿之言，现在秦州、凉州已不是朕的领土了。"于是下诏厚赏马隆及众军士，拜马隆为宣威将军（这在将军的四十等职衔中位列第二）。过了几天，又收到马隆捷报，说在进攻武威城时，树机能部下头目猝跋韩、且万能等率众万余归降。十二月，马隆率晋兵联合羌戎没骨能等部与树机能大战，树机能兵败，在几个亲信簇拥下退逃，结果逃路被断，迎面一箭飞来，树机能躲闪不及中箭落马，又是一阵箭雨射来，树机能身亡。

从此，以树机能为首的反晋斗争终于以失败告终，凉州复为晋朝所有。

太康初（280年），晋朝以马隆为平虏护军、西平郡（治今西宁）太守，率兵屯据西平。马隆在西平十余年，威信震于陇右，各少数民族和好相处。朝廷下令解放奴婢，使他们的身份恢复为一般百姓。原居河西、陇右的鲜卑各部，跟随树机能反晋失败后，分处于河西各地，短时期内，互相间来往减少了，但鲜卑人与当地汉、羌等族的交往则更为频繁了，民族融合速度加快。

三、秃发奚于助张大豫反后凉

前凉张氏及大豫其人

树机能死后，秃发鲜卑降晋，其势力一落千丈。秃发部部众拥立树机能的堂弟秃发务丸为首领，各部落分散居住，服从晋朝地方官管束，保存实力，慢慢休养生息。务丸死后，由他的孙子秃发推斤继立首领。推斤是秃发乌孤的祖父。他在位时，秃发鲜卑的人口增长很快。晋永宁元年（301 年），包括秃发部在内的河西鲜卑不满地方官的统治，又发生骚动，流窜抢掠，地方不安。新上任的晋护羌校尉、凉州刺史张轨率军征讨，斩首万余，河西地方稳定下来。到永兴中（304—305 年），晋朝皇室内部争权夺利，地方寇乱四起，鲜卑头目若罗拔能起兵反晋。此人早年追随树机能转战河西，曾击杀凉州刺史杨欣。树机能被马隆射死后，他投降晋朝，20 余年后，又反叛晋朝。张轨派部将宋配迎战，将若罗拔能斩首，俘 10 余万从叛之人。后来张轨对这些从叛的人都予以妥善安置，张氏在河西威名大震。

公元 3 世纪末 4 世纪初，西晋先发生“八王之乱”，接着又发生“永嘉之乱”。所谓“八王之乱”，是西晋时期皇族为争夺中央政权而引发的一场内乱，因皇后贾南风干政弄权所引发，是中国历史上最为严重的皇族内乱之一。这次动乱从元康元年（291 年）到光熙元年（306 年），共历时 16 年。其核心人物有汝南王司马亮、楚王司马玮、赵王司马伦、齐王司马冏、长沙王司马乂、成都王司马颖、河间王司马颙、东海王司马越八个王。西晋皇族中参与这场动乱的王其实不止八个，但八王为主要参与者。而“永嘉之乱”则是西晋怀帝永嘉五年（311 年），匈奴军队在刘渊之子刘聪率领下击败西晋京师洛阳守军，攻陷洛阳并大肆抢掠杀戮，更俘掳晋怀帝等王公大臣的一场乱事。永嘉七年（313 年），晋怀帝被杀死。这两场动乱导致了西晋亡国以及近 300 年的动乱，使之后的中原北方进入十六国（所谓的五胡乱华）时期。由于北方长期陷于动乱中，人口大量死亡，土地大量荒芜，中原地区一片混乱,处于无政府状态。各族百姓争相逃荒，又互相杀掠，人民饥寒交迫，加上病疫，死亡者十之六七。西晋灭亡后，洛阳失守，中州之人到处避难,来河西地区（包括今青海河湟地区）者络绎不绝。他们之所以要往河西迁徙，是因为当时张轨已在河西建立了前凉政权，都城在姑臧（今甘肃武威）。前凉政权是十六国中唯一的汉族政权，在一定意义上，代表着汉族中央政权在西部乃至北中国的存在和延续。这个政权政治比较清明，百姓安居乐业，中原混乱之时，河西确实相对安定。张轨在今甘肃武威、张掖、酒泉地区和青海东部增设了不少郡县，对避难之人加以安置。张轨还在凉州兴办学校，请高才儒士著书讲学，保存发展了汉族先进文化。当时河西地区学者云集，文教振兴。《资治通鉴》卷 123 记载："永嘉之乱，中州之人避地河西，张氏礼而用之，子孙相承，故凉州号为多士。"张轨及其后裔的一系列措施大大提高了张氏在北方地区的威望，所以投奔河西的人比较多，前凉政权也日益强盛起来。《魏书》卷 40《胡叟传》说："凉州虽地居戎域，然自张氏以来，号有华风。"东晋明帝太宁元年（323 年），前赵国主刘曜（匈奴人，刘渊族子）亲率 28 万余人在黄河东岸列营 100 里，扬言要踏平武威。这时张轨已死，其子张茂在位。张茂带领河西各族军民固守，匈奴人没有敢过河，这说明当时前凉确实很有实力。但公元 353 年张轨第四代孙张曜灵继位后，张氏内部为争夺权位互相残杀，前凉国势日衰。公元 376 年，前凉被氐族人苻氏所建前秦攻灭。河西鲜卑于秃发推斤在位期间，拥护前凉的统治，双方关系较为融洽。

东晋哀帝兴宁三年（365 年），秃发推斤死，子思复鞬立。思复鞬是秃发乌孤的父亲，他为人豪放，有勇有谋，宽厚仁爱，在位时，秃发部的势力逐渐兴盛起来。河西鲜卑各部大部分前来归附，表示愿听驱使。这时河西鲜卑的支系比较多，有的势力还比较大，秃发部之外，主要的有：乙弗部（又称卑和虏，活动在环青海湖地区）、契翰部（居牧青海湖西）、折掘部（活动在湟水与大通河交汇地区廉川一带）、意云部（活动在今甘肃永登县一带）、思盘部（活动在今甘肃山丹县大黄山一带）、车盖部（活动在今甘肃金昌市东一带）、麦田部（活动在今甘肃靖远县境）、北山部（居牧在今甘肃张掖以北合黎山及北大山一带）等。

东晋太元元年（376年），前秦王苻坚派武卫将军苟苌等率13万大军讨伐前凉。前凉末代主张天锡调集10万人马，分三路迎战，均战败，无奈，张天锡素车白马，将自己捆起来，抬着棺材到秦军大营投降。此前他荒于酒色，不理政务，废掉太子张大怀，改立宠妾焦氏所生大豫为太子，引起上下怨愤。张天锡投降后，被前秦拜为北部尚书，太子张大豫随他到京城长安（今西安）居住。凉州各郡县均降前秦，前秦派梁熙为凉州刺史，镇守姑臧（今甘肃武威市凉州区）。

东晋太元八年（383 年），前秦王苻坚亲自统率87 万大军（号称百万）讨伐东晋，秦晋两国之兵战于淝水（今安徽省合肥市肥西县以北的东记河上）。张天锡当时担任苻融所部征南司马，随苻坚来到淝水。秦兵在淝水北岸逼水布阵，晋军无法渡河。晋军将领谢玄提出要求，请秦兵退几步，让晋兵过河后以决胜负。秦王苻坚想：等晋兵半渡时，我再指挥铁骑掩杀过去,定能将其消灭。于是下令秦兵后退。谁知刚一后退,秦兵后边有人喊了一句“秦兵败了！”于是，80 多万秦兵顿时惊慌失措，各自逃命，谁都无法制止了。秦兵自相践踏而死者不计其数，风声鹤唳，草木皆兵。张天锡乘乱投降了东晋，东晋孝武帝司马曜封他为散骑常侍左员外。张天锡之子张大豫来不及追随其父降晋，返回长安，投靠前秦长水校尉王穆。王穆先将张大豫藏匿起来，等苻坚收拾残兵败将返回长安时，便与张大豫一同奔回河西。

张大豫投奔秃发部以抗吕光

黄河以西祁连山南北的凉州地区，受张氏所建前凉政权统治 70 余年，当地部分百姓对张氏仍有留恋。河西鲜卑秃发部就是这样。王穆、张大豫从长安跑出来后，先到了广武（今甘肃永登县），求见秃发部大首领思复鞬。他二人向思复鞬讲述了前秦兵败淝水，国内一片混乱的情况，认为这是起兵攻占凉州，重建前凉的天赐良机。思复鞬深表赞同，说："只要太子殿下下令，我鲜卑各部定效犬马之力。"当下派人送张大豫到魏安（约今甘肃古浪县土门镇一带）。

苻坚南伐之战虽然遭到惨败，但他派出去西征的吕光却大获全胜。吕光是略阳（位于陕西省西南部汉中盆地西缘，地处陕甘川三省交界地带）氐人，其先辈世代为当地氐人部落首领，父吕婆楼在前秦当官，位至太尉。吕光出生时，据说夜有神光之异，故取名"光"。10来岁时，与同龄儿童玩的游戏大半是布阵作战一类的，常被同伴推为首领。他不喜读书，唯好鹰马。长大后，受王猛赏识，推荐给前秦苻坚，曾任前秦鹰扬将军、步兵校尉。公元383年正月，吕光任使持节、都督西讨诸军事，率步兵7万、骑兵5000，征讨西域。吕光先接收来降的焉耆国（王治今新疆焉耆西南），继而打败龟兹国（王治今新疆库车）王所率胡兵，攻占龟兹，西域三十余国陆续归附。苻坚听到吕光在西域获胜的消息后，封吕光为使持节、散骑常侍、都督玉门以西诸军事、安西将军、西域校尉。吕光见龟兹地方美丽，物产富饶，有留居的意思。

当地僧人鸠摩罗什说：“这里是凶亡之地，不可久留，关陇自有福地可居，还是请君东返为好。”加之众将士想回老家的占多数，于是吕光携带西域宝物班师东归。

晋太元十年（385 年），吕光到达玉门，这时前秦主苻坚已被姚苌杀死，前秦凉州刺史梁熙发兵 5 万拒阻吕光，说要追究他擅自东归之罪；吕光则反责梁熙阻遏归师之罪。于是双方交战，梁熙兵败被杀。太元十一年（386 年），吕光入据姑臧，自称凉州刺史、护羌校尉，将各郡县的长官都作了调整，多数换成自己的部属亲信。

秃发思复鞬听见吕光杀梁熙、凉州局势动荡的消息，就派人与张大豫联系，想乘吕光立足未稳，赶快起事。当时魏安人焦松、齐肃、张济等招集数千人马，已将张大豫迎到揟次（今甘肃古浪北），奉以为主。张大豫很快攻下吕光的昌松郡（今甘肃古浪县北）。张大豫见了思复鞬派来的人，叫他立即返回，带兵前来助战。

吕光听说张大豫占了昌松郡，即刻派他的爱将武威太守杜进进讨。这时恰好秃发思复鞬的长子秃发奚于率鲜卑兵万余人来到昌松，便与张大豫合击杜进，杜进大败，逃回姑臧。张大豫率部乘胜进逼姑臧，打算与吕光决一胜负。王穆劝阻说：“吕光粮多兵精，姑臧城坚固难破，现在硬攻，对我们不利。不如席卷岭西，多积粮草，练足精兵，然后从西往东攻击，不及一年，吕光可平。”王穆的建议切实可行，可是张大豫是个庸才，他只知急于求成，没有采纳王穆的良策。他自号抚军将军、凉州牧，改元“凤凰”，以王穆为长史，并传檄各郡县，指日讨伐吕光。张大豫还派王穆游说凉州以西诸郡。建康郡（郡府在今甘肃高台县西南）太守李隰、祁连郡（郡府约在今甘肃民乐县境）都尉严纯等欣然起兵响应。这样，张大豫又聚集兵力3万，屯于杨坞（在今甘肃永昌一带）。

秃发奚于阵亡凉州

这年（386年）四月，张大豫从杨坞向东进兵，在姑臧城西驻扎。王穆与秃发奚于率众3万在姑臧城南驻扎，准备攻打姑臧城。吕光见张大豫兵临城下，并不惊慌，不等他们进攻，突然打开南门主动袭击。秃发奚于猝不及防，被吕光的精兵打败，奚于战死。

王穆听说秃发奚于阵亡，十分吃惊，急忙披挂出阵，前来救援，却被吕光的军队截住，双方厮杀一阵，王穆败逃，所部军队大半丧失。张大豫带领军队正要进攻，听说友军均吃了败仗，于是从上到下都没有了斗志，便闻风向西退逃。吕光收兵回城，对众将说："这一仗张大豫损兵折将，元气损耗殆尽，很难翻身了。当初他要是用了王穆之言，我们还真不好平他呀！"众将说："张大豫怎能连这点才智都没有，分明是上天要助明公您成就大业，才叫他头脑发昏不听良策的嘛。"吕光听后大喜。

回头交代一下前秦被后秦取代的简要梗概。十六国时期的前秦（350—394 年）是氐族人苻健所建政权，都长安（今陕西西安），淝水之战的时候是苻健之侄苻坚（338—385 年）在位。后秦（384—417 年）的建立者是羌族人姚苌（330—394 年），公元 357 年，姚苌领众投降前秦，淝水之战后的 384 年，据北地、安定等郡建元立国，史称"后秦"。

淝水之战后不久，吕光得知前秦主苻坚已不在人世，不觉悲从中来，大哭一场，并下令全军举孝。这年十二月，吕光自称使持节、侍中、中外大都督、督陇右河西诸军事、大将军、凉州牧、酒泉公，建元"太安"，正式建立了政权。因该政权在张氏前凉之后，故史称"后凉"。

晋太元十二年（387 年），吕光派部将彭晃、徐灵率部攻张大豫于临洮（今甘肃临泽县），大豫兵败，逃奔广武，后被广武人拿住，送至姑臧，吕光下令将他斩首示众。

一、秃发部广武勃兴

韬光养晦

秃发奚于率鲜卑兵攻打姑臧几乎全军覆没，他本人也丢了性命。其弟秃发乌孤当时也随军前往，幸亏他机灵，在亲兵保护下，杀出重围，逃回广武。其父思复鞬既失长子，又折去了万余兵力，十分伤感，身体一日不如一日。秃发乌孤劝道："胜负乃兵家常事，父亲大人不必过于忧伤。我部民众多，人才济济，当此天下大乱，西部多事之秋，只要我们休养生息，积蓄实力，顺天应时，不愁没有大展宏图的机会。"思复鞬说："我儿所言极是，秃发部的勃兴，看来只有寄希望于你们兄弟了，你等应团结一心，成就大业。"没过几年，思复鞬病死，秃发乌孤继首领之位。

秃发乌孤生得高大魁梧，为人心志高远，见事深邃，有勇有谋。继位后的一天，他召集部属商讨建立霸业的谋略，他对众将说："我欲攻取凉州，诸位有何见教？"大将纷陁说："主公欲得凉州，就必须先务农讲武。我鲜卑人祖祖辈辈以游牧为生，迁至河西百余年来，虽偶尔也有学习晋人务农技术以农为生者，但就总体而言，仍是以畜牧为生者居多。河陇地区农田肥沃，灌溉便利，汉、羌之人长期务农，储蓄颇丰。欲举大事，必要广募兵马；而兵马之兴，必以粮草为先。除务农讲武之外，还应礼贤下士，广纳各方俊杰人才，为我所用。在管理民事方面，应刑轻政清，使民乐从。做到这几点，凉州之主便非主公莫属了。"乌孤听了纷陁的话，觉得十分在理，于是在广武（今甘肃永登）一带养兵务农，发展经济，结好邻邦，不事争战，修明政治。十来年后，境内部民家富民乐，人丁兴旺，秃发部出现势力日益强盛的景象。

秃发部渐趋强盛的消息传到后凉主三河王吕光耳中。一日，吕光外甥石聪说："这几年叛贼迭起，我们东征西杀，蒙大王之福，总算略有安定气象。近闻广武一带秃发鲜卑在其首领乌孤统领下，部众繁盛，当地汉族人也说他们的好话，不如派兵征讨，免得养虎遗患。”吕光说：“秃发乌孤的名气是越来越大了，但现在要出兵征讨，尚为时嫌早，还是先予以笼络，让他为我所用，如不听命于我，再出兵不迟。”

于是，吕光于晋太元十八年（394 年）派人往见秃发乌孤，送来任命乌孤为假节、冠军大将军、河西鲜卑大都统、广武县侯的公文。乌孤留住使者，召集诸将商议。等诸将齐集帐下时，乌孤说：“吕氏今派使者远道授我官职，我接受好还是不接受好，请各位发表高见。”众将都说:“我部人口众多，兵强马壮，有什么必要从属于人！还是不受为好。”乌孤点头不语。这时帐下走出一人，乌孤一看，是谋士石真若留，此人喜读书，遇事肯动脑子，乌孤正想听听他的意见。石真若留说：“自主公继任大首领以来，我部确实出现了蒸蒸日上的好气象，兵马众多，民情归顺，但是目前我们仍根本未固，还有不少部落并未归顺。而吕光地广兵众，我部与吕光相比，实力尚小，远不是吕光的对手。如果惹恼了吕光，他发兵来讨，我们难操必胜之券。不如暂且屈受吕光的封授，使他不防，彼骄我奋，我赢得继续壮大自己实力的时间，等待机会而动，大事可成。”秃发乌孤说:“先生之言，乃韬光养晦之计，甚合我意。”于是派人修书给吕光，表示谢意，接受了吕光给予的封号。[①]

据专家考证，秃发乌孤的这位谋士石真若留很可能是粟特人。粟特人是从我国东汉时期直至唐代往来活跃在丝绸之路上，以擅长经商而闻名于欧亚大陆的一个古代民族。粟特人从西域入华，除了大规模的部族聚落迁徙外，因为经商、传教而迁移的更为常见，也有战争等原因。入华之后，留居内地或者边陲，形成聚落，乃至入籍为当地编民。汉唐时期，河西陇右地区粟特人很多。例如，据专家考证，西晋时即张轨任凉州刺史时期，出任过西平太守的曹祛是敦煌粟特人；后凉时期担任过西平太守并且曾经起兵反抗过后凉主吕光的康宁，也是粟特人，势力强大、拥有万余骑兵的“康国”与康宁有关。《晋书》卷126《秃发乌孤载记》记载，乌孤攻克后凉金城郡后，又“降光乐都、湟河、浇河三郡，岭南羌胡数万落皆附之”。这些聚集在祁连山以南湟水流域的“胡”人，很可能与康宁所统之粟特武装聚落有关。

① 《晋书》卷126《秃发乌孤载记》所记原话是：“及嗣位，务农桑，修邻好。吕光遣使署为假节、冠军大将军、河西鲜卑大都统、广武县侯。乌孤谓诸将曰：‘吕氏远来假授，当可受不？’众咸曰：‘吾士众不少，何故属人！’乌孤将从之，其将石真若留曰：‘今本根未固，理宜随时。光德刑修明，境内无虞，若致死于我者，大小不敌，后虽悔之，无所及也。不如受而遵养之，以待其衅耳。’乌孤乃受之。”

秃发乌孤政府班子中的“文武之秀杰”史暠、鹿嵩，很有可能是粟特人，另外乌孤的两位部将石真若留、石亦干，学界大多也认为是粟特人。

这年（394年）年底，秃发乌孤派使者分头到游牧在青海湖环湖地区的鲜卑乙弗部和今青海民和县一带的折掘部游说。使者召见二部首领，宣称：如今乌孤已是河西鲜卑大都统，贵部理应派人进献礼品致贺，并遣子为质，以示顺从。不料二部首领以多年来与秃发部联系甚少为由，不愿献礼送质，还出言不逊。使者回报乌孤，乌孤大怒，要立即出兵征讨。部将劝阻说，现在立即出兵，他们必有防备，不如过半年以后，乘其不备，突然袭击，必能破敌。

次年（395年）夏七月，乌孤亲率精锐骑兵万人，先讨伐乙弗部，后讨伐折掘部。二部防备松懈，被秃发部的人出其不意，杀伤数万人，掠去数千人，掳获马牛羊数万头只，二部不得不表示顺从。

筑廉川堡

一日，秃发乌孤与部下计议，是否需要修筑城池，如需要，选择何地修筑？众部将说：“汉以来河西各郡、县府所在地都修筑了城池，魏晋以来，豪强所建坞壁（小城堡）遍布各地，遇有战事，都能起到有效防御的作用。我鲜卑部定居务农已有数十年历史，但没有坚城可守。目前兵马强盛，主公廓清河西，统一凉州之志指日必得，怎么可以没有防守外敌来攻的坚城？攻取姑臧尚需时日，眼下之计，也需有个都城以为立足之所。”至于筑城地点，众部下认为可选廉川堡，这里与广武郡相毗邻，背靠廉川大山，前有湟水，左有浩门水（即今大通河），地形险要，易守难攻,是比较理想的地方。乌孤率人实地踏勘后，也觉满意，于是派部将石亦干督率军民赶筑都城廉川堡。年内完工。乌孤率广武部将及各自家眷进驻廉川城。

廉川堡的位置究竟在今天的什么地方？由于史料记载非常简略，学术界研究不够，还没有确定的结论。目前大体有两种推测：一种认为是今青海省海东市民和回族土族自治县的史纳（一作沈那）古城，另一种意见认为是甘肃省永登县连城镇的连城古城。我个人认为前者的可能性更大一些。因为这里东面有享堂峡，西面有老鸦峡，南临湟水，北靠阿拉古山，地形险要，十分有利于军事防守，符合南凉最初建都安全方面的需求。而永登连城古城在这方面略差一些。史纳古城位于民和县川口镇北面的下史纳村，这里受湟水冲刷，形成一个半月形台地，古城就建在台地上。兰青公路在城北通过,铁路则从城中穿过。古城在民和火车站以西。据李智信先生《青海古城考辨》记载，古城仅存北墙残段，长400米，残高3—5米，基宽6米，夯土版筑，夯层厚10厘米。2005年我和青海省社会科学院历史研究所的同仁前往实地考察时，已基本上找不到古城痕迹了。当地老人说史纳古城又叫锁阳城，有里外两个城，间距100米左右。外城距离湟水大约1公里。南凉最初的都城廉川堡究竟在现在的什么地方，最终结论还有待考古发掘来做出。

这年（395年）冬，一个天气晴朗的日子，秃发乌孤率亲信部将登上廉川大山，放眼眺望，只见远处群山逶迤，丘陵起伏，近处湟水曲折东流，宛如一条银色飘带，镶嵌在河谷正中。大山南麓，竣工不久的廉川堡及城内宫殿、房舍历历在目。看着看着，乌孤唏嘘不已。石亦干上前说道："臣闻主忧臣辱，主辱臣死，请问大王为何不乐？莫非是因为吕光？吕光老儿没什么了不起，他年已衰老，所统军队老吃败仗。而我兵精将勇，士气正盛，如今以廉川堡为都，保据湟水、浩门河大川，一旦出兵，可以以一当百,吕光有什么可怕的？"诸将也纷纷劝慰。

乌孤大声对众将说："吕光已衰老，我也知道，我并不是怕他。想到我秃发部祖先树机能时，以德怀远，不但鲜卑各部，而且羌胡诸部都畏服来归，像卢陵部、契汗部，虽僻在千万里外，也献诚归顺。可是自从我继任首领至今，河西鲜卑的许多部落并不听命于我，近的尚且离心离德，远的又有什么办法使它归附呢？所以我忍不住抽泣呀。"他的部将苻浑说："大王不必伤心，臣请大王下令调集人马，对所有不臣服的鲜卑部落加兵问罪，以大王之天威，定叫它顺者昌，逆者亡。"乌孤说："卿等肯同心协力，我有何悲。"苻浑等众将齐声应命："愿听大王驱使。"于是在不到半年之内，秃发部又出兵征服了五六个部落，卢陵、契汗等部俯首称臣，表示愿听秃发部大首领的调遣。后凉吕光见乌孤势力又有所增长，便遣使拜他为"广武郡公"。①

秃发鲜卑建都廉川堡，征服周围各部的消息很

① 《晋书》卷126《秃发乌孤载记》记载："乌孤登廉川大山，泣而不言。石亦干进曰：'臣闻主忧臣辱，主辱臣死，大王所为不乐者，将非吕光乎！光年已衰老，师徒屡败。今我以士马之盛，保据大川，乃可以一击百，光何足惧也。'乌孤曰：'光之衰老，亦吾所知。但我祖宗以德怀远，殊俗惮威，卢陵、契汗万里委顺。及吾承业，诸部背叛，迩既乖违，远何以附，所以泣耳。'其将苻浑曰：'大王何不振旅誓众，以讨其罪。'乌孤从之，大破诸部。吕光封乌孤广武郡公。又讨意云鲜卑，大破之。"

快传开，河西一些汉族豪门士族认准秃发乌孤将来能成气候，纷纷投靠乌孤，为其出谋划策。广武人赵振，从小喜好钻研用兵谋略，听说乌孤礼贤下士，有王者气象，便丢弃家小，只身投奔乌孤。乌孤素闻赵振很有才华，立即引见，与谈军国大事，赵振对答如流，很合乌孤之意。乌孤遂大喜道："我得赵先生，大事成矣！"便拜赵振为左司马（将军、校尉的属官，专管兵事）。

二、秃发乌孤称王廉川堡

与后凉反目

东晋太元二十一年（396 年），后凉主三河王吕光即天王位，称国号为"大凉"，大赦境内，改元"龙飞"。早在 7 年前他曾经自称"三河王"，年号为"麟嘉"，立妻石氏为王妃，子吕绍为世子。至此，改立世子吕绍为太子。封公侯者 20 人，主要的有弟吕宝、吕延、吕他，子吕纂、吕覆、吕纬，侄子吕隆、吕超、吕邈，外甥石聪等。还设置百官，以原中书令王详为尚书左仆射，段业等 5 人为尚书。姑臧城内张灯结彩，锣鼓笙弦之声远扬，隆重庆祝，喜气洋洋。[①]

这年六月，廉川堡有凉州使者到来，原来是吕光派来的使者，持有加封秃发乌孤为“征南大将军、益州牧、左贤王”的册书，还送来王侯举行庆典仪式所用的鼓、号、羽扇等物。乌孤这时已颇有些实力了，对吕光送来的这些物件已感觉不稀罕了，他对吕光的使臣说道：“你家主公吕王十多年前凭借征伐西域之威，拿下了凉州，但他不能以德政怀柔远民，给各族百姓带来安定和富足。他的几个儿子、侄儿，个个贪淫无耻，三个外甥也是肆意暴虐之徒，弄得河西郡县不宁，百姓无以聊生。我怎么可以违天下之心，受不义之爵？再说，称帝当王，哪有一成不变的？无道则灭，有德则昌。回去告诉你家天王，我要顺天人之望，成就帝王之事。不愿意再奉吕氏为主了。”于是留下鼓吹羽仪，将封册文书等仍交原使带回。[②]

---

① 《资治通鉴》卷108《晋纪》30“孝武帝太元二十二年（396年）条”记载：“三河王吕光即天王位，国号大凉，大赦，改元龙飞；备置百官，以世子绍为太子，封子弟为公侯者二十人；以中书令王详为尚书左仆射，著作郎段业等五人为尚书。”

② 《晋书》卷126《秃发乌孤载记》所记载的原话是：“光又遣使署乌孤征南大将军、益州牧、左贤王。乌孤谓使者曰：‘吕王昔以专征之威，遂有此州，不能以德柔远，惠安黎庶。诸子贪淫，三甥肆暴，郡县土崩，下无生赖。吾安可违天下之心，受不义之爵！帝王之起，岂有常哉！无道则灭，有德则昌，吾将顺天人之望，为天下主。’留其鼓吹羽仪，谢其使而遣之。”

乌孤这番话中对吕光的评价是真实贴切的。吕光确实无道，他的子侄辈没有一个具备治国安邦之才，可以说都是蠢材，外甥石聪也是谗佞之辈，他曾进谗言，使吕光杀死后凉建国功臣杜进，使朝内忠良寒心。杜进在征西域和平定河西过程中，出生入死，为吕光立下了汗马功劳，以功任辅国将军、武威太守，爱民尽职，威望极高。石聪从关中来到武威，吕光问他，据你所知，关中等中原地方的人对我们后凉政权评价如何？谗佞之徒石聪乘机挑拨道："中州之人只知有杜进，不知有舅父您呀。"此后不久，吕光就把杜进杀了。此举导致郡县相继叛离，大有土崩瓦解之势。后凉统治者的这些弱点，促使乌孤下决心摆脱后凉的控制，并想取而代之。

秃发乌孤之所以敢在吕光使臣面前说大话，是因为他已经做好了称王的准备。东晋隆安元年（397年）正月，廉川堡内一派节日气象。秃发部首领的宫殿装饰一新，秃发乌孤升殿，举行隆重仪式，对内对外自称大都督、大将军、大单于、西平王。并大赦境内，立年号曰"太初"。文武众臣叩拜称贺，鼓乐齐鸣，乌孤与群臣欢宴，至晚方散。从此，河西鲜卑秃发部正式建国。因其国在前凉、后凉的南面，所以史书称之为"南凉"。

数日后，秃发乌孤率诸将至广武郡城，在弟利鹿孤、傉檀的陪同下，检阅了步兵、骑兵。秃发傉檀指挥步骑兵演练一阵，乌孤看了十分高兴。他对诸将说："我虽称王，但辖土不广，只有广武郡弹丸之地。金城郡（郡府在今甘肃兰州西）与广武郡土地毗连，金城人口众多，粮草充盈，原是乞伏鲜卑所建西秦国的都城，前几天刚刚被吕光老儿派其庶长子吕纂攻下。吕氏在金城尚立足未稳,我若出其不意，以虎狼之师突然袭击之，金城必是我囊中之物。"

左司马赵振进言："大王攻打金城，目前可以说是最好时机。不过，我若攻金城，吕光必派兵来救，要是在街亭（今甘肃天祝县境）布置兵力，阻击吕氏救兵，就更为稳妥了。"乌孤连声说好，遂派三弟秃发傉檀率兵在街亭一带防备，自率大军攻打金城。

金城守将未料到秃发部来攻，仓皇间起而防守，显然不是乌孤指挥的鲜卑兵的对手，经过激战，金城郡被轻易攻下。吕光闻讯,急派部将窦苟来伐南凉。窦苟所率后凉兵从姑臧（今甘肃武威）出发，刚翻过乌鞘岭，即被傉檀所率南凉兵截住。秃发傉檀一马当先，用马鞭指着窦苟说："我在此已等候多日，赶快投降，饶你不死。"窦苟并不搭话，指挥后凉兵冲杀。无奈后凉兵人困马乏,敌不过以逸待劳的南凉兵，纷纷掉头溃逃，南凉兵追杀一阵，全胜而归。[①]

北凉初建

在秃发乌孤建立南凉政权的同一年，即东晋隆安元年（397 年），祁连山北吕氏后凉之西又出现了个北凉政权。首先发难的叫沮渠蒙逊。

沮渠氏是世居张掖的卢水胡人，因其祖先担任过匈奴的左沮渠（官名），于是以官名为姓氏。沮渠蒙逊有伯父二人，一个叫沮渠罗仇，一个叫沮渠麴粥，都在吕光麾下担任武将。罗仇的职务是后凉中书省尚书，麴粥是后凉三河郡（郡府在今青海民和官厅）太守。几个月前他二人随吕光讨伐西秦，吕光弟吕延败死，吕光退兵。沮渠麴粥对兄沮渠罗仇说："主上（吕光）年老昏聩，爱听谗言，如今兵败将死，正是他乱发脾气猜忌智勇之士的时候，情况危急呀！我兄弟二人平素被他惧怕几分，这下肯定免不了被疑忌。与其白白被枉杀，不如进兵西平（今西宁），出苕藋（今甘肃永昌西），奋臂一呼，凉州不难攻取。"罗仇说：

① 《晋书》卷 126《秃发乌孤载记》所记载的原话是："隆安元年，自称大都督、大将军、大单于、西平王，赦其境内，年号太初。曜兵广武，攻克金城。光遣将军窦苟来伐，战于街亭，大败之。降光乐都、湟河、浇河三郡，岭南羌胡数万落皆附之。"

"你的分析很对。但是我沮渠氏世代忠良，名声著于西土，宁肯叫人负我，我不忍负人呀！"没有过多久，吕光果然听信谗言，把打败仗的责任推到沮渠罗仇兄弟身上，竟将他二人斩首。[①]

沮渠蒙逊听到噩耗，义愤填膺。此人自幼博览群史，还懂得天文知识，为人雄杰有英略，善于权变。他将二位伯父的尸体运到老家殓葬。前来送葬的沮渠氏诸部，多是蒙逊家族姻亲和同族亲友，共有1万余人。蒙逊哭着对众人说道："吕王昏荒无道，滥杀无辜。我先世曾于西汉末年助窦融统辖河西，保安诸部，今乃受人戮辱，岂不可耻？我欲与诸公并力举事，为两位伯父报仇雪恨，上继先祖安时之志，不知诸公以为如何？"众人听了,齐呼万岁。于是结盟起兵，攻打后凉的临松郡（郡府在今甘肃民乐西），斩吕光中田护军马邃、临松县令井祥，屯聚金山（今甘肃山丹县南）。六月，后凉吕光派长子太原公吕纂将兵来到忽谷，攻打沮渠蒙逊，破之，沮渠蒙逊逃入山中。

① 《资治通鉴》卷109《晋纪》31"安帝隆安元年（397年）条"记载："初，张掖卢水胡沮渠罗仇，匈奴沮渠王之后也。凉王光以罗仇为尚书，从光伐西秦。及吕延败死，罗仇弟三河太守麴粥谓罗仇曰：'主上荒耄信谗，今军败将死，正其猜忌智勇之时也。吾兄弟必不见容，与其死而无名，不如勒兵向西平，出苕藋，奋臂一呼，凉州不足定也。'罗仇曰：'诚如汝言。然吾家世以忠孝著于西土，宁使人负我，我不忍负人也。'光果听谗，以败军之罪杀罗仇及麴粥。"

蒙逊从兄沮渠男成在后凉担任将军，听说沮渠蒙逊起兵，也聚集了一部分兵马进行支援。后来，沮渠男成等推举后凉中书省尚书、建康郡（郡府在今甘肃高台县西南）太守段业为盟主,公开脱离后凉吕光。段业自称“使持节、大都督、龙骧大将军、凉州牧、建康公”，改吕光龙飞二年为“神玺”元年，以沮渠男成为辅国将军，委以军国之任。沮渠蒙逊率众归顺段业，段以蒙逊为镇西将军、张掖太守。后来吕光派其子吕纂带兵击段业，败归。[①]沮渠氏拥戴段业所建立的政权因在南凉之北，故史称“北凉”。

南凉、北凉都是从后凉化分出来的，后凉从此更加衰落，这对秃发乌孤发展壮大南凉国势是比较有利的。

这年（397 年）八月，后凉内部又发生了郭麐、杨轨的叛乱事件。这个事件为南凉扩张势力再次提

① 《资治通鉴》卷 109《晋纪》31“安帝隆安元年（397 年）条”记载 :“罗仇弟子蒙逊，雄杰有策略，涉猎书史，以罗仇、麴粥之丧归葬 ; 诸部多其族姻，会葬者凡万余人。蒙逊哭谓众曰 :‘吕王昏荒无道，多杀无辜。吾之上世，虎视河西，今欲与诸部雪二父之耻，复上世之业，何如? ’众咸称万岁。遂结盟起兵，攻凉临松郡，拔之。屯聚金山。……凉王光遣太原公纂将兵击沮渠蒙逊于忽谷，破之。蒙逊逃入山中。蒙逊从兄男成为凉将军，闻蒙逊起兵，亦合众数千屯乐涫。……男成等推业为大都督、龙骧大将军、凉州牧、建康公，改元神玺。以男成为辅国将军，委以军国之任。蒙逊率众归业，业以蒙逊为镇西将军。光命太原公纂将兵讨业，不克。”

供了机会。

助郭、杨反吕

郭麐是西平人，从小喜欢研究《易经》，擅长天文数术，曾任西平郡主簿。地方官遇有难决之事，每每请他预卜，他还往往能言中，因而被传得神乎其神，国人很信重他。吕光初定河西时，西海太守王桢反叛，郭麐劝吕光出兵袭击，吕光弟、左丞吕宝反对说："千里袭人，自古所难。大王之师一出，谁人不知？怎能指望侥幸成功？"郭麐说："如果不胜，我甘愿伏诛；如若胜了，就算左丞无谋。"吕光出兵果然获胜。从此，吕光将郭麐比作西汉易学家京房、三国魏时占卜术士管辂，常留在身边参与高层密谋。数月前，吕光要征讨西秦，郭麐劝阻，说出师不利，太史令却说利于出兵。吕光一出兵就得了金城。吕光派人问郭麐，郭麐说，虽得城，却守不住，还要死大将；正月上旬黄河冰就要消融，若不早渡，必有大变。后果然金城失于南凉，大将吕延战死。吕光率军刚过黄河，河冰就化了。时人更加服其神验。吕光也更加佩服，遂任命郭麐为散骑常侍（侍从帝王左右，掌规谏之官）、太常（掌礼乐郊庙社稷之事的官）。

但日后后凉日益衰败，吕光年老，郭麐对后凉仆射（宰相）王详说："我夜观天象，凉州必有兵乱。今主上年老病多，太子（吕绍）暗弱，太原公（吕纂）凶悍，主上一旦过世，祸乱必起。我二人久居要位，免不了对太原公等有所得罪，他兄弟常对我们咬牙切齿，你我必是他们首先要诛杀的对象。据我测卜，代吕氏控制凉州的应是姓王之人，凉州境内田胡部落最为强盛,其首领王乞基恰符合预兆。姑臧城内东、西二苑城中居住的人，多是王乞基旧部。我想与公举大事，推王乞基为主，二苑之众，可尽为我用。攻下姑臧城后，余事再行商议。"王详表示赞同。郭麐当晚煽动二苑居民火烧洪范门（姑臧中城向东的门），王详在吕光宫中为内应。不料事泄，王详先被吕光捕杀。郭麐见计谋泄露，一不做二不休，便在东苑公开发动叛乱。百姓听说起兵的牵头人是郭麐，都认为圣人起事，无不成功，所以响应的人很多。[①] 吕光遣

① 《资治通鉴》卷 109《晋纪》31"安帝隆安元年（397 年）条"记载："凉散骑常侍、太常西平郭麐，善天文数术，国人信重之。会荧惑守东井，麐谓仆射王详曰：'凉之分野，将有大兵。主上老病，太子暗弱，太原公凶悍，一旦不讳，祸乱必起。吾二人久居内要，彼常切齿，将为首诛矣。田胡王乞基部落最强，二苑之人，多其旧众。吾欲与公举大事，推王乞基为主，二苑之众，尽我有也。得城之后，余更议之。'详从之。麐夜以二苑之众烧洪范门，使详为内应；事泄，详被诛，麐遂据东苑以叛。民间皆言圣人起兵，事无不成，从之者甚众。"

人召长子吕纂速救姑臧。吕纂当时正在张掖以西与段业对峙，接到命令将东返时，部下有人说：“我们这一撤兵，段业必要追杀，应当等到晚上悄悄后撤。”吕纂说：“段业不会打仗，仅能凭城自守。我若乘夜退兵，反长了他的气焰。”于是派人明白告诉段业，“郭麐叛乱，我等要回都，你要有本事就出来决战。”段业不敢出城，吕纂从容东返。①

吕纂有个司马（掌管兵事的官）叫杨统。在随吕纂回军途中，杨统私下对其堂兄杨桓说：“郭麐神掐妙算，他起兵必有名堂。我想杀掉吕纂，推兄为主，西袭吕弘（吕纂弟），占住张掖，号令诸部，兄以为如何？”杨桓是吕纂岳丈，当然不同意这样做。他当即痛斥了一通杨统。杨统到番禾一带时，逃离吕纂军队，投奔了郭麐。郭麐派人在白石地方堵击吕纂，吕纂未及防备，吃了败仗。这时，后凉西安郡（约在今甘肃张掖以西）太守石元良率步骑 5000 回救吕光，吕纂与石元良合兵共击郭麐，郭麐不支。吕纂率兵进入姑臧城，郭麐兵败，便气急败坏，将在东苑捕到的

① 《资治通鉴》卷 109《晋纪》31“安帝隆安元年（397 年）条”记载：“凉王光召太原公纂使讨麐。纂将还，诸将皆曰：‘段业必蹑军后，宜潜师夜发。’纂曰：‘业无雄才，凭城自守；若潜师夜去，适足张其气势耳。’乃遣使告业曰：‘郭麐作乱，吾今还都，卿能决者，可早出战。’于是引还。业不敢出。”

吕光孙儿孙女8人杀死并肢解，还接其血与部众盟誓。许多人以手掩目，不敢多看，郭麐却是一幅悠然自得的样子。①

这时，姑臧城北的休屠城（今甘肃民勤县）又有张捷、宋生等召集汉、羌、胡等族兵3000人反后凉，响应郭麐，他们共推略阳氐人杨轨为盟主。杨轨当时任后凉后将军，颇受吕光信任，这时在西平郡（治今青海省西宁市）镇守。他见吕光势衰，也有反意。友人劝他不要"弃龙头而从蛇尾"，他不听，欣然接受郭麐等的推举，自称大将军、凉州牧、西平公。吕光派人给他送去一封书信，好言劝阻。杨轨也不作答，只是作北进与郭麐会合的准备。

这时吕纂加紧了对郭麐的攻势。郭麐部将王斐率军与吕纂战于姑臧城西，被吕纂打得大败。郭麐势力渐衰，当即派人到廉川堡，向南凉主秃发乌孤递上求救信。

秃发乌孤召集部下商议，怎样应对。众将都认

① 《资治通鉴》卷109《晋纪》31"安帝隆安元年（397年）条"记载："纂司马杨统谓其从兄桓曰：'郭麐举事，必不虚发。吾欲杀纂，推兄为主，西袭吕弘，据张掖，号令诸部，此千载一时也。'……杨至番禾，遂叛归麐。纂与西安太守石元良共击郭麐，大破之，得入姑臧。麐得光孙八人于东苑，既败而恚，悉投于锋上，枝分节解，饮其血以盟众，众皆掩目。"

为应当派兵支援郭麐，这样有利于消耗吕氏的力量，伺机推翻后凉。乌孤问众将，谁去合适，乌孤弟骠骑将军秃发利鹿孤自告奋勇。于是乌孤命他带步骑5000北援郭麐。这是南凉太初元年（397年）九月之事。

南凉太初二年（398年），杨轨已作好北进的准备，以司马郭纬任西平相，叮嘱他守好西平，自率步骑2万北越祁连山，向武威进发，与郭麐汇合。消息传到廉川堡，秃发乌孤很受鼓舞，他对部下说："吕光无道，部下群起反叛，杨轨、郭麐联手，姑臧可破也，吕光的末日不远了。前者我骠骑将军已率部分将士去了武威，今春决战，还需增派军队，有劳车骑将军辛苦一趟了。"他说的车骑将军就是四弟秃发傉檀。傉檀领命，率骑兵一万北助杨轨。

杨轨所率大军到达武威郡后，在姑臧城北驻扎下来。秃发傉檀所率鲜卑军与秃发利鹿孤所部会合以后，也傍杨轨军驻扎。郭麐、利鹿孤、张捷、宋生、傉檀等与杨轨相见后，一致表示愿听从杨将军号令，杨轨客套一番，便以盟主自居。一日，杨轨召集联军首领议事，说道："吕光昏耄，凉州世事纷纭，众英雄举事在前，轨不才，承蒙错爱，推为盟主。今大军云集，士气旺盛，诸将用命，姑臧城指日可破。

我军远行而来，宜在速战。我欲明日即攻城，与吕光一决雌雄，众将以为可否？”郭麐说："我已占卜过了，近日攻城，天道不利，还是另选吉日吧。”过了几天，后凉太原公吕纂乘杨轨不备，主动出兵攻击，杨轨、秃发傉檀连忙指挥所部迎战。双方交战不久，吕纂军忽然掉头撤退。原来郭麐出兵来救，吕纂匆忙退回城中。① 此后，杨轨自认为势力强大，打算与凉王吕光决一死战，屡次提出大举攻城的主张，郭麐每每以天道不合、占卜不利为由加以制止。于是攻城日期一推再推，转眼到了六月。

这时北凉主段业在建康（今甘肃高台西南）积极调集粮草，扩充兵力，准备东进。他对部下说："吕纂小儿围我于建康，未分胜负，就被吕光召回，现已数月，姑臧危急，纂无暇西顾，其弟常山公吕弘（吕光第三子）镇守张掖，兵力单弱，此乃我攻取张掖之天赐良机，不可不图。我想请辅国将军出兵张掖，众将有无异议？”众将都说："我主英明。”于是沮渠男成和部将王德率军东攻张掖。吕光闻讯，急命子吕纂带兵迎击。

① 《资治通鉴》卷 110《晋纪》32“安帝隆安二年（398 年）条”记载："杨轨以司马郭纬为西平相，帅步骑二万北赴郭麐。秃发乌孤遣其弟车骑将军傉檀帅骑一万助轨。轨至姑臧，营于城北。……凉太原公纂将兵击杨轨，郭麐救之，纂败还。”

吕纂带兵迎击沮渠男成、接应吕弘的消息传到杨轨耳中，杨轨立即与众首领计议："吕弘有精兵一万，如果与吕光合兵，则姑臧更难攻取了。我军在姑臧城外守候数月，不得战机，现在正好与吕纂战于城外。"秃发利鹿孤、秃发傉檀也早已等得不耐烦了，都极力主张乘机截击吕纂。杨轨怕郭黁又要以天道数术的那一套理由阻止，便不通知郭黁，就匆忙出兵了。双方交战后，杨轨所部虽然人多，但不习战阵，吕纂的军队人数虽少却勇敢善战，所以吕部似乎略占上风。那吕纂久经征战，十分骁勇，这时他策马直取杨轨，杨轨应战，二人一来一往，杀得难分难解。战斗越打越激烈，双方都有伤亡。正在这时，杨轨军背后有人马杀来，原来是吕弘弃张掖东奔而来。杨轨见腹背受敌，心中惊慌，自家乱了阵脚，渐渐招架不住，他先掉转马头逃跑。众军士见主帅在亲兵护卫下逃命，便也自顾逃命。秃发利鹿孤、秃发傉檀见败局已难挽回，为保存实力，也无心恋战，遂招集部属撤回都城廉川堡。

郭黁因本性残忍，追随他的士民渐渐看清了他的本来面目，不愿再依附于他，不少人离他而去。此时，听说杨轨已败，郭黁知大事不成，便东逃投奔建都于今甘肃榆中一带的西秦，追随他的杨统投奔南凉秃发乌孤。后来，郭黁被西秦王乞伏乾归封为建忠将军、散骑常侍。[1] 再后来，见乾归兵败，郭黁又奔后秦姚兴。他算出姚兴将被东晋讨灭，又带着妻子南奔，被姚兴的追兵杀死。这是后话。

梁饥袭杨轨

杨轨战败后，南逃西平郡（治今青海西宁市）。但原先他的司马西平相郭纬此时已不知下落，新任西平郡太守郭倖奉吕光之命严守西平郡城，杨轨不得进入。无奈之下，杨轨投奔田胡首领王乞基于廉川（约在今甘肃省永登县连城，一说在青海省民和县）。杨轨召集汉、羌、胡等族之人，聚众至一万余。王乞基对杨轨说："我田胡原来兵马强盛，旧部居于姑臧之东苑城、西苑城者不少。吕光派我镇守南藩已有数年光景，我观吕光气数殆尽，而秃发部日益强盛，我已决定奉西平王秃发乌孤为主。秃发氏才高而兵盛，又是乞基之主，我想你也应归附于他，请你定夺。"

① 《资治通鉴》卷 110《晋纪》32 "安帝隆安二年（398 年）条" 记载："杨轨自恃其众，欲与凉王光决战，郭黁每以天道抑止之。……杨轨曰：'吕弘精兵一万，若与光合，则姑臧益强，不可取矣。'乃与秃发利鹿孤共邀击纂。纂与战，大破之；轨奔王乞基。黁性褊急残忍，不为士民所附，闻轨败走，降西秦；西秦王乾归以为建忠将军、散骑常侍。"

杨轨此时走投无路，只好顺从王乞基的意思。于是修书一封，派人送给秃发乌孤，言明归附之意。乌孤见信大喜,即刻派人请来相见。就在欲见未见之际，杨轨、王乞基却率部西行，去了青海湖地区。

原来王乞基所在的廉川地区是田胡与羌人杂处地区，湟水中下游的羌人推举梁饥为首领。梁饥为人勇猛好斗，他东征西战，恩威并用，将原不属于他管的羌人部落也纳入麾下，实力很快强盛起来。梁饥见吕光连年遭到西秦、南凉、北凉的攻击，内部又不断发生叛乱，各地豪强纷纷割据称雄，于是也有了攻取西平、乐都等郡的念头。正待动手，倒见杨轨在自己的地盘上招兵买马。梁饥岂能容忍！于是发兵攻击杨轨、王乞基。杨、王二人毫无防备，被打得晕头转向，来不及与秃发乌孤见面，就向西逃奔。他二人虽敌不过梁饥所率羌兵，但拥有近万骑人马，败逃来到青海湖地区，见乙弗鲜卑人毫无防备，便迅速将其征服，并暂时安居下来。

探马将杨轨、王乞基的遭遇报告了秃发乌孤，乌孤对群臣说："杨轨、王乞基归诚于我，遭羌袭击，众卿等也未速去援救，致使兵败，令孤深感惭愧。"平西将军浑屯说:"大王放心，梁饥这人属于草寇之类，没有深谋远略，用不了多久，就可以把他生擒过来。"

三、南凉巧夺岭南五郡

出兵西平败梁饥

梁饥战败杨轨、王乞基后，乘胜进攻西平郡城。西平郡太守郭倖调集郡兵防守。他上城一看，羌兵黑压压一片，杀声震天，而郡兵人少势弱，对如何取胜，郭倖没有一点把握。西平豪强田玄明拥有众多家兵部曲，平素盛气凌人，在危急时刻，借口郭倖守城无方，将他拿住，逼郭倖交出印信。田玄明代行太守之职后，动员军民誓死坚守。并派人护送他的一个儿子作为人质，火速奔廉川堡，向秃发乌孤求救。

秃发乌孤召集群臣，商议是否出兵救西平。群臣都对羌兵人数众多、梁饥为人凶悍有几分惧怕，担心鲜卑人惹不过羌人，认为暂不出兵为稳妥。唯有左司马赵振主张出兵，他说："杨轨新败，僻居青海湖地区，吕光虽多次被围，却能打胜仗，可见尚有实力。所以，洪池岭（祁连山支脉，在武威南）以北我们暂时不能寄什么希望，而岭南五郡，差不多就能攻取。大王若无开拓之志，振不敢言；若欲经营四方，这个机会可不能失掉呀。假使我们作壁上观，任凭梁饥占据西平，那就会使华夷震动，河湟大乱，对我南凉也是极为不利的。”赵振所说的岭南五郡指的是西平郡（郡府在今青海省西宁市）、乐都郡（郡府在今乐都碾伯镇）、浇河郡（郡府在今贵德县河阴镇）、湟河郡（郡府在今化隆县群科镇）、广武郡（郡府在今甘肃登县境）。这五郡囊括了青海省东部农业区和甘肃省庄浪河流域的广大区域。除广武郡已被秃发鲜卑占有外，其余当时都归后凉吕氏所辖。

乌孤听了赵振的一番分析，十分高兴地对他说：“我也想乘时而起，建大功立大业，怎么可能满足于死守在廉川这个穷谷中呢？”接着又对群臣说：“梁饥如果攻取了西平，占住有利地形，保据山河，再要制服他就困难了。此人虽骁悍勇猛，但军令不整，没什么可怕的。我军只要出战，梁饥必败无疑。”于是亲自率领步骑 2 万溯湟水而上，来到西平城外，立即与围城的羌兵交战。梁饥见秃发乌孤亲率数万人马来救西平，并无惧色，驱令部属应战。西平城内田玄明见救兵已至，顿时信心倍增，命令打开城门，派城内军民蜂拥杀出。梁饥腹背受敌，死伤惨重，不得不率残兵败逃。

梁饥逃到龙支堡（在今民和县柴沟乡鸾枝沟），喘息未定，乌孤所率骑兵已跟踪追到，将龙支堡团团围住。梁饥自料这个弹丸小堡不能久留，便乘夜打开城门，单骑逃出，杀开一条血路，南奔浇河而去。乌孤也不再追，收兵回至西平。清点人马，南凉兵伤亡不大，而梁饥羌兵死伤和被俘的达数万人。

改称武威王

秃发乌孤在众将簇拥下，坐于西平郡府大堂之上。田玄明上前跪拜，口称“卑职田玄明叩见大王，若非大王出兵相救，玄明与西平都陷于贼手了。”乌孤上前拉住他的手说：“快起入座，不必多礼。”寒暄几句后，乌孤当下封田玄明为西平内史，田玄明称谢落座。乌孤问起原西平郡太守郭倖的下落，田玄明派人将郭倖引来，郭倖跪下说：“谢大王救命之恩，罪人郭倖无颜与大王相见。”乌孤安慰几句，郭倖表示愿为西平王效犬马之力，乌孤将他收留在身边。乌孤在西平盘桓多日，更换了西平郡及所辖各县的文武官吏。几天之内，先后收到乐都郡太守田瑶、湟河郡太守张裯、浇河郡太守王稚的降书。乌孤安排他们到廉川堡等候，要一一接见他们。乌孤率部凯旋，廉川堡及周围的百姓夹道欢迎，廉川堡连日庆贺胜利，一片欢腾。乌孤让田瑶、张裯、王稚仍任原职。十月，原后凉建武将军李鸾以所管兴城（在今甘肃永靖县境内）来降。十一月，杨轨、王乞基率数千户自环湖地区东来，归附西平王秃发乌孤，乌孤对他们均做了安置。十二月，西平王秃发乌孤改称武威王，预示着他的下一个目标是要夺取姑臧，取后凉而代之。

南凉与羌酋梁饥一战大获全胜，在整个西北地区也产生了一定影响。它使河西地区的政治格局发生了重大变化。从此，岭南五郡之地成为南凉王国的国土，这一地区的羌、胡数万落皆归附秃发乌孤，这使得祁连山以北的后凉、北凉都不得不对南凉刮目相看了。

四、迁都乐都

封官授职

南凉在军事上取得重大胜利后，政治上也赢得了一定声誉，国势日见兴隆。乌孤的谋士纷纷向他提出迁都的建议。大家认为,廉川堡虽占了地形险要、易守难攻的优势，但地方太小，容纳二三万人已显拥挤，四周又没有拓展的余地，实不利于发展，与目前南凉国的地位极不相称，如同婴儿的衣服与成年人的不相称一样。而向西百余里的乐都，地形开阔，土地肥沃，灌溉便利，物产盈富，西汉时曾在这里建破羌县，吕光在这里建有乐都郡，宜建都于此。乌孤觉得有理，即于太初二年十月派人在乐都预为布置。

南凉太初三年（399年）正月，武威王秃发乌孤从廉川堡迁都至乐都，暂以原乐都郡城为王城，以郡太守衙门为王宫。王宫虽不大，但修饰一新，鼓乐仪仗一应俱全，颇有些威严气氛。乌孤登上王位，文武群臣分立两旁。执事官宣布王命：晋封王弟原骠骑将军秃发利鹿孤为骠骑大将军、西平公，率部镇守安夷（在今海东市平安区）；王弟原车骑将军秃发傉檀为车骑大将军、广武公，率部镇守西平（在今西宁市）。又宣布，命王之叔父秃发素渥镇湟河郡（驻今化隆县），叔父秃发若留镇浇河郡（驻今贵德县河西镇），堂弟秃发替引镇岭南（即洪池岭之南，约驻今门源县境），堂弟秃发吐若留镇浩门（驻今甘肃永登县河桥驿）。以上都是秃发氏宗亲贵族，均握有军事大权，分镇要地。此外，文武群臣中无论出身汉、鲜卑、羌、粟特、氐、月氏胡、匈奴、田胡、屠各、丁零、卢水胡等何种民族，均按才能高低、功劳大小封授官职，使其各得其所。如以杨轨为宾客，其他既在国家中枢机构中任显要职务，又在地方上出任郡守、县令（长）等官的还有一批俊杰之士，据《晋书》记载，主要的有："金石生（原吕光部将）、时连珍，四夷之豪俊；阴训、郭倖，西州之德望；杨统（原吕纂司马）、杨贞、卫殷、麴丞明、韩匹、张昶、郭韶，中州之才令；金树、苏翘、赵振、王忠、赵晁、苏霸，秦雍之世门。"这只是名望较高的一些人，并不是其高层文武官员的全部。可见当时南凉王国在用人上并不局限于鲜卑人，还比较注重收揽"夏、夷"各民族的人才，笼络社会地位、名望较高的人士为其所用，这样，就为南凉政权逐渐完善和巩固奠定了人才基础。

杨统献谋

一日，乌孤从容对群臣说："陇右、河西地区在西汉时仅有区区数郡，如武威郡、张掖郡、酒泉郡、陇西郡、金城郡而已，西晋末战乱频起，渐次分裂为十余个郡，还出现多个小国。乞伏乾归擅自称王于河南，段业阻兵于张掖，虐氏吕光，偷据姑臧。这是其中最强的三国。我藉父兄遗烈，想廓清西夏，统一河陇，请问众卿，要兼弱攻昧，灭掉这三国，应以何者为先？”

只见杨统上前一步，拱手答道：“启禀大王，以臣之见，乞伏乾归属陇西鲜卑，本与我同族，迟早要来归服。段业是一介书生，并无经世之才，况受制于权臣沮渠蒙逊、沮渠男成，政不由己，又距我较远，千里伐人，粮草运输困难；再者，他以往与我保持友邻关系，我已承诺与其同风雨、共患难，如乘危出兵，显得不义。至于吕光，现已衰老，疾病缠身，后继者吕绍年轻庸弱，吕光另外二子吕纂、吕弘，虽颇有些文武之才，但吕氏内部互相猜忌，尔虞我诈，也难以发挥。若藉大王之福，以我军之威，出兵姑臧，吕氏必应锋瓦解。臣建议大王派车骑大将军（秃发傉檀）镇浩门，镇北将军（秃发俱延）据廉川，从两个方向进扰武威，哪个方向防备较弱就从哪个方向进扰，他们救左我攻其右，他们救右我攻其左，使吕纂疲于奔命，后凉的百姓不能安心种庄稼。大王问的‘兼弱攻昧’的策略，正在于此。这样骚扰下去，不出二年，后凉兵劳民困，大王就可以坐定姑臧了。姑臧既拔，乞伏氏、段氏二寇用不着动武，自然就会归服于我。”①

杨统的这一番谋划，基本符合当时的形势，对南凉来说是正确的战略抉择，乌孤听后深为赞许。此后，南凉的几任国主都基本上执行了这一国策。

这年（399年）二月，段业由原来的“建康公”改称为“凉王”，改元“天玺”，以沮渠蒙逊为尚书左丞，以梁中庸为右丞。早在上年六月，段业曾遣将攻击镇守张掖的后凉吕弘，吕光闻讯，派吕纂带兵接应。因吕纂被杨轨截击，正与杨轨等大战时，吕弘丢弃张掖，与吕纂合兵击杨轨，段业不费一兵一卒得了张掖，便从建康迁都张掖。后凉主吕光对吕弘擅作主张，弃张掖而救武威的做法没有深责，因为吕弘、吕纂协同作战，才取得了击败杨轨、郭麐、秃发利鹿孤联军的辉煌战果。但是，吕光决不甘心丢失张掖重镇。

① 《晋书》卷126《秃发乌孤载记》所载原话是：“乌孤从容谓其群下曰：‘陇右区区数郡地耳！因其兵乱，分裂遂至十余。乾归擅命河南，段业阻兵张掖，虐氏假息，偷据姑臧。吾藉父兄遣烈，思廓清西夏，兼弱攻昧，三者何先？’杨统进曰：‘乾归本我所部，终必归服。段业儒生，才非经世，权臣擅命，制不由己，千里伐人，粮运悬绝，且与我邻好，许以分灾共患，乘其危弊，非义举也。吕光衰老，嗣绍冲暗，二子纂、弘，虽颇有文武，而内相猜忌。若天威临之，必应锋瓦解。宜遣车骑镇浩亹，镇北据廉川，乘虚迭出，多方以误之，救右则击其左，救左则击其右，使纂疲于奔命，人不得安其农业。兼弱攻昧，于是乎在，不出二年，可以坐定姑臧。姑臧既拔，二寇不待兵戈，自然服矣。’乌孤然之，遂阴有吞并之志。”

这时，武威的局势平静下来，吕光又开始谋划夺回张掖之策。

公元399年四月，吕光派太子吕绍、太原公吕纂率兵2万讨伐段业。北凉王段业见后凉大兵压境，有点惊慌，急派人越过祁连山来到乐都，向武威王秃发乌孤求救。乌孤从既定的联段抗吕的战略出发，派骠骑大将军利鹿孤及宾客杨轨领兵前往援救。

张掖救段

利鹿孤所率救兵在张掖城南驻扎。吕绍见段业之兵和南凉之兵人数众多，军容又盛，向庶长兄吕纂提出建议，在张掖城西的三门关挟山向东攻击。吕纂说：“挟山布阵示弱于敌，不利于在心理上、气势上压倒敌方，所以是取败之道。再则，我军利于速战，而这样布阵对方肯定畏惧，不敢与我交战，反于我不利。”于是吕绍指挥军队向南进攻。段业从城上望见后凉军队结阵冲击而来，想下令军士迎击，沮渠蒙逊劝阻说：“杨轨恃鲜卑虏骑兵之强，存有非分之想，居心叵测；吕绍、吕纂率军深入，置兵于死地，必决战求生。当前对我方来讲，不出战则有泰山之安，出战则有累卵之危。”段业说：“卿见解高明，我听卿言。”于是按兵不动，任凭吕绍、吕纂怎样挑战，就是不出战。相持数日，二吕见无隙可乘，将张掖附近的农田里生长的小麦等庄稼放火烧了，引兵东还。[①]秃发利鹿孤、杨轨见二吕撤兵，在张掖稍做逗留，也撤兵南归。

六月，秃发乌孤置凉州，以弟利鹿孤任凉州牧，移镇西平。召原镇西平的车骑大将军傉檀回乐都任“录府国事”一职，这个职位后来称作“录尚书事”，是南凉总揽内外要务的中枢之官。

一次，秃发乌孤因酒醉骑马受伤，初觉胁下微痛，以为伤势不重，对前往探视的兄弟及群臣说：“看来我命不当绝，险些使吕光父子大喜。”但数日后，病情加重，医官也无办法救治。弥留之际，留下遗言：“大业未竟，强敌未灭，我死之后，宜立长君。”[②]乌孤死后，南凉举国致哀，乐都城内，在利鹿孤的主持下，

① 《晋书》卷129《沮渠蒙逊载记》记载：“吕光遣其二子绍、纂伐业，业请救于秃发乌孤，乌孤遣其弟利鹿孤及杨轨救业。绍以业等军盛，欲从三门关挟山而东。纂曰：‘挟山示弱，取败之道，不如结阵卫之，彼必惮我而不战也。’绍乃引军而南。业将击之，蒙逊谏曰：‘杨轨恃虏骑之强，有窥觎之志。绍、纂兵在死地，必决战求生。不战则有泰山之安，战则有累卵之危。’业曰：‘卿言是也。’乃按兵不战。绍亦难之，各引兵归。”

② 《晋书》卷126《秃发乌孤载记》记载：“是岁，乌孤因酒坠马伤胁，笑曰：‘几使吕光父子大喜。’俄而患甚，顾谓群下曰：‘方难未静，宜立长君。’言终而死，在王位三年，伪谥武王，庙号烈祖。弟利鹿孤立。”

文武百官按鲜卑人的习俗举行了葬礼。鲜卑人有实行土葬的习俗，秃发乌孤也有土葬坟墓。但其坟墓在今何地，史书没有记载，考古部门也未发现，估计在乐都区境内。

葬礼毕，秃发部宗亲贵族们集中议事，众人都说国不可一日无主，应遵照乌孤生前传位于长者的遗言，立秃发利鹿孤为武威王。秃发乌孤在武威王位三年，众臣按汉族王朝的习惯给他定了谥号和庙号，谥号为“武王”，庙号是“烈祖”。

一、经营西平

三堆拒阻后凉

秃发利鹿孤即位后，认为西平地理位置居中，阻山带河，易守难攻，相对于乐都更适宜建郡，于是于南凉太初三年（399年）八月迁都西平。

西平郡的治所在今西宁市。公元196—205年期间，由金城郡西部析置西平郡。据《水经注》记载，三国魏黄初年间（220—226年），“凭倚故亭，增筑南西北三城以为郡治”。所谓“故亭”，即指西平亭；“郡”，则指西平郡。西汉时期的“亭”是设在交通要道上的县以下基层行政建置，而河湟地区的亭则是中央与边地之间传送文书的驿站和驻军御敌的据点。西平亭是西宁地区最早的兼具军事防御与邮驿传递职能的古城。据《后汉书·西羌传》等的记载，西平亭始建于公元前111年将军李息、郎中令徐自为平羌后不久。现今西平亭城址虽然地面无遗存，但经青海省历史、考古学界依据诸多史料，结合现存明清古城遗迹等考证，主流观点认为西平亭城址大致在今西宁市城东区和城中区交界的花园南街、花园北街以东，七一路以南，北小街以西，山陕台以北的湟光一带。接近方形，边长小于200米。而西平郡城是凭依西平亭的西墙增加南、西、北三道城墙而成的城池，其具体地点，东城墙大致在今西宁市花园北街；南城墙大致在今花园南街的华联向西，与仓门街、大什字西宁市公安局、北斗宫街的连线上，最南超不过宏觉寺街；西城墙大致在今长江路东侧；北城墙大致在今七一路南侧。三国魏西平郡城在北宋时期，被扩建为青唐城，元明时期分别被缩建为西宁州、西宁卫城。2005年，西宁市文管所曾对明清西宁古城北墙七一路省中医院南62米的残段作勘测时，在城墙剖面上发现了不同质地和颜色的三个分界面，分别对应魏西平郡城、宋青唐城、明西宁卫城三次大规模修建的历史痕迹。西宁古城从东汉末西平郡筑成，直到清代，千余年来，多次扩建或缩减，其东墙、南墙屡有伸缩变动，而北墙和西墙被历代所沿用，有三次予以加厚，然而位置基本上没有移动。

南凉迁都西平后，在大赦境内的同时，出于外交的需要，派记事监麴梁明（可能就是前文提到的“文武之秀杰”之一的麴丞明）出使北凉，向北凉主段业致以例行问候之礼，以便进一步加强与北凉的联盟。

麴梁明来到北凉后，受到北凉主段业的接见。宾主交谈中，段业说：“贵主先王（指乌孤）开创王业，本为国之太祖，他仙逝后为何没有传位于子？是没有儿子吗？”麴梁明回答说：“有儿子，叫羌奴，但传位于长者，是先王的遗命。”段业说：“昔周成王幼年嗣立，有周公、召公辅佐；汉昭帝八岁继位，金日磾、霍光为弼。贵主先王之子即便年幼，有他的两个英明叔叔，左提右挈，不也挺好吗？”麴梁明说：“春秋时宋宣公传位于弟，受到《春秋》的赞美；三国时孙伯符（策）托事仲谋（孙权），终成东吴伟业。兄终弟继，也是王位传承的通式，未必传位给儿子就一定好，传位给兄弟就一定不好。”段业连声称善，对南凉使臣肃然起敬。[①]

这年（399年）十二月，后凉王吕光病危，临死前立太子吕绍（嫡出）为天王，他本人自号太上皇帝。以长子吕纂（庶出）为太尉（掌军事之官，地位与丞相一样尊贵），纂弟吕弘为司徒（掌教化之官），再三叮嘱他们兄弟要和睦共事，以保江山长久。可吕光死后，尸骨未寒，吕氏兄弟就演出了互相残杀的丑剧。

吕光死后，吕绍秘不发丧，吕纂强行推门而入，见状后痛哭而出。吕绍惧怕，追上吕纂说："兄功高年长，理应继承大统，弟情愿以位相让。"吕纂说："陛下国之冢嫡，臣岂敢乱来。"吕绍一再固让，吕纂坚辞不受。吕光弟吕宝之子吕超时任骠骑将军，私下对吕绍说："纂兄为将多年，威震内外，我观他临丧不哀，步高视远，举止不常，必有异志。天王应及早下手除掉他，以安社稷。"吕绍说："先帝临终嘱托犹在耳畔，怎么好违背？我以弱年继承大统，正要依赖二位兄

① 《晋书》卷126《秃发利鹿孤载记》所记原话是："利鹿孤……使记室监麴梁明聘于段业。业曰：'贵主先王创业启运，功高先世，宜为国之太祖，有子何以不立？'梁明曰：'有子羌奴，先王之命也。'业曰：'昔成王弱龄，周召作宰；汉昭八岁，金、霍夹辅。虽嗣子冲幼，而二叔休明，左提右挈，不亦可乎？'明曰：'宋宣能以国让，《春秋》美之；孙伯符委事仲谋，终开有吴之业。且兄终弟及，殷汤之制也，亦圣人之格言，万代之通式，何必胤已为是，绍兄为非。'业曰：'美哉！使乎之义也。'"

长的辅助。纵然他图我，我视死如归。但我不忍心先除他。卿要慎言，再不可说此类过头话。”

不久，吕纂在湛露堂与吕绍见面，吕超正好持刀立于吕绍侧旁，给吕绍使眼色要动手杀吕纂，吕绍不许。吕纂弟吕弘对于吕绍继位内心也不满。他密派尚书姜纪传话给吕纂，认为当今多难之秋，以吕绍之懦弱，出任天王，不利于社稷的稳定，劝吕纂取而代之。吕纂心动，于是与吕弘分头夜率壮士杀入宫中，吕绍派禁兵拒战，又有吕超率兵2000相助，但众军士平素惧怕吕纂，均不战而溃。吕纂从姑臧城中的青角门（东门）径直来到谦光殿。吕绍无奈，登上紫阁自杀，吕超逃向广武郡。① 吕纂想到吕弘统领的兵力较多，有些忌惮，便以王位相让。吕弘回答说：“我作为绍弟而继大位，群臣不服，是违背先帝遗命的举动，即使到黄泉之下也会感到惭愧！如

① 《资治通鉴》卷111《晋纪》33“安帝隆安三年（399年）”条所记原话是：“隆安三年十二月，弘密遣尚书姜纪谓纂曰：‘主上暗弱，未堪多难，兄威恩素著，宜为社稷计，不可徇小节也。’纂于是帅壮士数百逾北城，攻广夏门。弘帅东苑之众斧洪范门。左卫将军齐从守融明观逆问之曰：‘谁也？’众曰：‘太原公。’从曰：‘国有大故，主上新立，太原公行不由道，夜入禁城，将为乱耶？’因抽剑直前，斫纂中额。纂左右禽之。纂曰：‘义士也，勿杀。’绍遣虎贲中郎将吕开帅禁兵拒战于端门，吕超帅卒二千赴之，众素惮纂，皆不战而溃。纂入自青角门，升谦光殿。绍登紫阁自杀。吕超奔广武。”

果再超越兄长您乱动，实在不是为弟的本意。”见兄弟坚辞不受，吕纂便让吕弘出面通告众人说：“兄纂继位，是先帝临终遗命。”群臣都说：“只要社稷有主，谁敢违抗！”于是吕纂即天王位，改元“咸宁”，以吕弘为大都督、大司马、车骑大将军、录尚书事，改封番禾郡公。[①] 吕纂还派人对守广武的叔父吕方说：“吕超忠义可嘉，但不懂权变；目前正是用人之际，朕可免他无罪。请将此意转告于他。”吕超于是上书称谢，吕纂下令恢复了他的爵位。

吕光去世和吕纂夺位的消息很快传开，秃发利鹿孤派部将金树、苏翘（一作薛翘）率 5000 骑兵驻扎于昌松郡的漠口（约今甘肃古浪县南），以观事态的变化。

东晋隆安四年（400 年）正月，秃发利鹿孤大赦境内，改元“建和”。下令国内二千石以上官员德行清高有政绩者，或晋封亭侯，或晋封关内侯。利鹿孤还请来一些老年人，听取他们对政治的意见。此

① 《资治通鉴》卷 111《晋纪》33“安帝隆安三年（399）”条所记原话是这样的：“纂惮弘兵强，以位让弘。弘曰：‘弘以绍弟也而承大统，众心不顺，是以违先帝遗命而废之，惭负黄泉！今复逾兄而立，岂弘之本志乎！’纂乃使弘出告众曰：‘先帝临终受诏如此。”群臣皆曰：‘苟社稷有主，谁敢违者！’纂遂即天王位。大赦，改元咸宁。谥光曰懿武皇帝，庙号太祖；谥绍曰隐王。”

举受到百姓的称赞。

这年三月，后凉国内又发生变乱。后凉天王吕纂忌大司马吕弘功高势强；吕弘也知道自己已被疑忌，于是率领姑臧城中东苑之兵主动作乱，攻击吕纂。交战中，吕弘兵败，便向南逃跑。吕纂纵兵大掠，把东苑的妇女全都赏给军士，其中包括吕弘的妻子。吕弘出走后，本来想投奔秃发利鹿孤，路过广武（今甘肃永登县），顺便去会见此郡太守——他的叔父吕方。吕方此时心情极度复杂而难受，他大哭道："天下这么大，你为什么要来这里！这不是为难我吗？"于是含泪将吕弘执送狱中，并报告吕纂。吕纂派力士康龙将吕弘杀死。①

至此，吕氏兄弟争权夺利的斗争暂时告一段落。除掉了吕弘，吕纂方觉心安。吕纂封妃子杨氏为王后，以王后之父杨桓为尚书左仆射、凉都尹。

吕纂为了巩固自己的地位，先后发动了对南凉和北凉的战争。他将要对南凉出兵时，中书令杨颖劝

① 《资治通鉴》卷111《晋纪》33"安帝隆安三年（399）"条所记原话是："凉王纂以大司马弘功高地逼，忌之；弘亦自疑，遂以东苑之兵作乱，攻纂。纂遣其将焦辨击之，弘众溃，出走。纂纵兵大掠，悉以东苑妇女赏军，弘之妻子亦在中。……弘将奔秃发利鹿孤，道过广武，诣吕方。方见之，大哭曰：'天下甚宽，汝何为至此！'乃执弘送狱，纂遣力士康龙就拉杀之。"

阻说："利鹿孤上下一心，政治清明，无懈可击，不能出兵讨伐，伐之必败。"吕纂不听，执意率精锐士卒南渡浩门河（今大通河），到达三堆地方（大通河南）。秃发利鹿孤派弟傉檀领兵拒敌，在三堆与吕纂相遇。南凉军士见后凉兵军容整齐，士气旺盛，先有几分惧色。秃发傉檀下马据胡床而坐，态度从容自若，三军之心这才逐渐稳定下来。接着傉檀指挥军队出击，两面夹攻，大败吕纂军，斩2000余首级而还。[①]

内平杨、田　外袭姑臧

南凉迁都西平后，利鹿孤励精图治，上下用命。但内部心怀不满、图谋不轨者也并非无人。四年前投降南凉的杨轨、田玄明，就是这类人物。他二人一个原是后凉后将军，降南凉后仅得了"宾客"这样一个闲职；一个是西平豪强，自己夺权当了西平太守，自以为功高盖世，降南凉后，却只得了西平内史之职。他们对自己的境遇十分不满，加之各自手下有一批亲兵部曲，便私下密谋，蠢蠢欲动，欲伺机杀害秃发

① 《晋书》卷126《秃发乌孤载记》所记原话是："纂士卒精锐，进度三堆，三军扰惧。傉檀下马据胡床而坐，士众心乃始安。与纂战，败之，斩二千余级。"

利鹿孤，发动政变。当后凉吕纂南伐时，他二人以为机会到了，但两国交兵时，秃发傉檀率兵上了前线，利鹿孤对内警戒很严，毫不懈怠，他二人仍难以下手。傉檀胜利归来后，他们更难找到下手机会。这年五月，杨、田要发动政变的阴谋被利鹿孤获悉，在确凿证据面前，二人不得不认罪。武威王利鹿孤下令将此二人诛杀示众。[①]

南凉建和元年（400 年）六月，秃发傉檀袭击后凉都城姑臧，取得成功。在此之前，后凉王吕纂南伐兵败，便打算袭击北凉。出发前部将姜纪劝阻道：“目前正是盛夏季节，农事繁忙，出兵不宜；况主公远行岭西，如果秃发氏乘虚袭我京师，又怎么办？请主公三思。”吕纂说：“鲜卑虏并无大志，听到朕西征的消息，他正好自固。朕神速出击，得志速归，并无大碍。”于是不听劝阻，让弟陇西公吕纬留守姑臧，自己率兵进围张掖，并分兵西掠建康（今甘肃高台西南）。秃发傉檀听到这个消息后，立即率一万精骑突袭姑臧。吕纬听说南凉兵来袭，急忙督兵守住北城以自保。傉檀率军攻下南门（朱明门），将士登上门楼，敲得钟鼓震天响。傉檀还用缴获的酒食招待将士，

① 《资治通鉴》卷 111《晋纪》33“安帝隆安四年（400 年）”条记载：“杨轨、田玄明谋杀武威王利鹿孤，利鹿孤杀之。”

又耀兵于青阳门（东门），然后掠8000余户姑臧百姓南归。[1] 吕纬龟缩在北城不敢追。吕纂在张掖并无战功，闻报后急引兵回救，来到姑臧，傉檀已退兵数日。

南凉两次打败后凉，声名大震，一时成为影响河西局势的最强大的势力。

北凉在后凉吕纂来袭时并没有受到什么损失，但段业杀亲信索嗣，授李暠都督凉兴（郡名）以西诸军事、镇西将军，却为日后西凉的析出埋下了伏笔。李暠是陇西汉族人，在孟敏任沙州刺史时任该州效谷县令。孟敏死后，李暠因政绩突出，口碑好，被同僚推荐为敦煌太守。但段业的亲信右卫将军敦煌人索嗣常在段业面前说李暠的坏话，说他不能在敦煌当官，段业听信他的话，便让索嗣取代李暠出任敦煌太守。索嗣赴任时，遭到李暠的阻击，李暠上书段业，要求诛杀佞臣索嗣。北凉权臣沮渠男成平时也讨厌索嗣，劝段业除掉索嗣。于是段业不假思索杀了索嗣，重用了李暠。十一月，北凉晋昌太守唐瑶叛北凉，传檄通告敦煌、酒泉、晋昌、凉兴、建康、祁连六郡军民，推李暠为冠军大将军、沙州刺史、凉公，领敦煌太守。

① 《晋书》卷126《秃发利鹿孤载记》记载："纂西击段业，傉檀率骑一万，乘虚袭姑臧。纂弟纬守南、北城以自固。傉檀置酒于朱明门上，鸣钟鼓以飨将士，耀兵于青阳门，虏八千余户而归。"

李暠大赦境内，改元“庚子”，建立了政权。因为该小国在北凉之西，故史称“西凉”。从此，北凉因为析出西凉而辖境大为缩小。

收纳乞伏父子

东晋十六国时期，在今甘肃、青海等地区建立小王国的鲜卑人除了河西鲜卑秃发部以外，还有陇西鲜卑乞伏部，曾建立西秦王国;慕容鲜卑吐谷浑部，曾建立吐谷浑国。陇西鲜卑是指活动于甘肃陇山以西地区的鲜卑各部，其中包括最有势力的乞伏部为首的部落联盟。乞伏部也原居漠北，于公元 3 世纪中叶南迁出大阴山（今内蒙古阴山山脉），在高平川（今宁夏清水河流域）一带居牧，西晋末辗转迁徙到苑川（今甘肃榆中县大营川）一带定居,有众十余万，势力渐强。到东晋太元十年（385 年），其首领乞伏国仁自称大都督、大将军、大单于，领秦、河二州刺史，建元“建义”，建立小王国，以勇士城（今甘肃榆中县）为都。该国因在建都长安的前秦、后秦之西，故史称“西秦”。三年后，乞伏国仁去世，弟乞伏乾归继立,改元“太初”,称“河南王”,迁都金城县（今甘肃兰州市西固区）。此后西秦屡次与后凉吕光作战，胜多败少。至南凉建和元年(400年,西秦太初十三年)五月，西秦突然遭到来自长安的后秦的攻击。

后秦是羌族人姚苌所建地方政权。姚氏原是南安赤亭（今甘肃陇西县西）人，姚苌之父姚弋仲在后赵时期曾任侍中、征西大将军、右丞相等职。后赵亡后，被东晋朝廷封为车骑大将军、大单于等职。姚弋仲死后，姚苌兄姚襄背叛东晋，招集流人初步建立政权。后从南方返回关中途中被前秦军队击杀。姚苌便率所部降前秦，因立有军功，先后任前秦左卫将军、扬威将军、步兵校尉等职。淝水之战后，遭受惨败的前秦王国开始分崩离析。东晋太元九年(384年)，姚苌脱离前秦，在渭水北地、安定等郡被羌豪们推为盟主，自称大将军、大单于、大秦天王，重建政权。次年，西燕兵士将前秦皇帝苻坚赶出长安，姚苌俘杀苻坚，于次年入据长安，称帝，改元“建初”，史称“后秦”。其后，后秦一直与占据陇东的前秦苻登（苻坚族孙）争战。公元393年姚苌死，其太子姚兴继位。次年终于攻灭苻登。从此，后秦逐渐兴盛起来，其势力开始伸入陇右、河西，而首当其冲的就是陇西鲜卑所建的西秦王国。

后秦皇帝姚兴所派讨伐西秦的将领是其叔父征西大将军、陇西公姚硕德。公元400年五月，姚硕德率军5万，从南安峡（今甘肃张家川西）西进。乞伏乾归率诸将抵御，使后秦军采捡柴薪之路断绝。姚兴知道后，又亲自统领大军隐蔽行军，接应姚硕德。乞伏乾归听说姚兴亲自来伐，对众将说："今姚兴尽发中国之师而来，军势甚盛。但羌兵所经之路山川崎岖，不宜我骑兵驰驱，我意将敌军引到平川，待其懈怠然后击之。胜败在此一战，卿等加倍努力，如能战败姚兴，关中之地就尽为我有了。"乞伏乾归便派武卫将军慕兀率中军2万屯于柏杨（今甘肃清水县西南），镇军将军罗敦率外军4万屯侯辰谷（柏杨附近），自率轻骑数千等候姚兴的到来。作战时恰巧碰上大风昏雾，乞伏乾归与中军失去联系，在后秦骑兵追逼下，与外军罗敦会合。第二天，乞伏乾归调整战阵后与后秦军大战，被姚兴击败，逃回苑川，西秦军士3.6万人全部投降后秦。姚兴乘胜继续西进，进至枹罕（今甘肃临夏）。①

乞伏乾归不敢在苑川久留，又奔至金城（今兰州西固），对诸将说："本人不才，辱列王位已逾一

① 《资治通鉴》卷111《晋纪》33"安帝隆安四年（400年）"条记载："西秦王乾归使武卫将军慕兀等屯守，秦军樵采路绝，秦王兴潜引兵救之。乾归闻之，使慕兀帅中军二万屯柏杨，镇军将军罗敦帅外军四万屯侯辰谷，乾归自将轻骑数千前候秦兵。会大风昏雾，与中军相失，为追骑所逼，入于外军。旦，与秦战，大败，走归苑川，其部众三万六千皆降于秦。兴进军枹罕。"

纪（12 年），今一败至此，已没有转败为胜的实力了，只有暂且投奔秃发部再说。众卿留在这里，我走后你们全都投降后秦，以保存实力，等异日或许有机会重逢，再复旧业。”于是与诸将洒泪相别，率数百骑并携妻室子女直奔允吾（今青海民和县西沟乡）。

乞伏乾归前来投奔的消息报告到秃发利鹿孤处，利鹿孤即派广武公秃发傉檀前往迎接，客客气气地将乞伏乾归一行安置于晋兴郡城（约在今民和县城）中，待以上宾之礼。

利鹿孤弟镇北将军秃发俱延对乞伏氏前来投奔有自己的看法，他对利鹿孤说：“乾归本是我南凉的属国，妄自尊立，今势穷来降，并非出自诚意。他日若逃归姚氏，必引军西侵，于我不利。不如将他徙置于乙弗部中，使他难以东逃。”利鹿孤说：“我正在弘扬信义以收天下之心，乾归势穷来归，我如果徙之边鄙，天下人一定认为我是不可以诚信相托之人，我们拿什么吸引人才呢？”没有听从俱延的建议。[①]

① 《晋书》卷 126《秃发利鹿孤载记》记载：“乞伏乾归为姚兴所败，率骑数百来奔，处之晋兴，待以上宾之礼。乾归遣子谦等质于西平。镇北将军俱延言于利鹿孤曰：‘乾归本我之属国，妄自尊立，理穷归命，非有款诚；若奔东秦，必引师西侵，非我利也。宜徙于乙弗之间，防其越逸之路。’利鹿孤曰：‘吾方弘信义以收天下之心，乾归投诚而徙之，四海将谓我不可以诚信托也。’俄而乾归果奔于姚兴。利鹿孤谓延曰：‘不用卿言，乾归果叛，卿为吾行也。’延追乾归至河，不及而还。”

但事实却不出俱延所料。没过几天，姚兴退兵，晋兴郡太守阴畅听到乞伏乾归与南羌梁戈等秘密接头，企图东逃的消息，速报利鹿孤。利鹿孤派弟吐雷率骑兵3000屯驻扪天岭（在允吾县东南），企图防堵乞伏乾归逃逸。乞伏乾归见南凉有所防备，怕被利鹿孤杀掉，便对太子乞伏炽磐说："我父子均住在这里，迟早会被利鹿孤所不容。当今姚氏正强，我想去投顺。如果我们全家人一起走，肯定会被南凉骑兵追上，我想把你们兄弟几个和你母亲一起作为人质留在利鹿孤处，他们就不会疑心我要逃。只要我到了长安，他们就不会加害于你等。"于是将乞伏炽磐等送到西平。八月，乞伏乾归见南凉对他的防范松懈了，就南奔枹罕，随即投降了后秦。[①]利鹿孤对弟俱延说："之前没有听你的建议，乞伏乾归果然叛逃了。烦劳卿为我追一趟吧。"俱延追到黄河边，未及而还。

十一月，乞伏乾归东至长安，被姚兴拜为都督河南诸军事、河州刺史、归义侯，让他仍统领旧日

① 《资治通鉴》卷111《晋纪》33"安帝隆安四年（400年）"条记载："秦兵既退，南羌梁戈等秘召乾归，乾归将应之。其臣屋引阿洛以告晋兴太守阴畅，畅驰白利鹿孤。利鹿孤遣其弟吐雷帅骑三千屯扪天岭。乾归惧为利鹿孤所杀，谓其太子炽磐曰：'吾父子居此，必不为利鹿孤所容。今姚氏方强，吾将归之，若尽室俱行，必为骑兵所及，吾以汝兄弟及汝母为质，彼必不疑。吾在长安，彼终不敢害汝也。'乃送炽磐于西平。八月，乾归南奔枹罕，遂降于秦。"

部属。但乞伏乾归之子乞伏炽磐等在西平度日如年，有一次瞅准机会往东逃逸，却被利鹿孤派人抓了回来。利鹿孤下令将乞伏炽磐杀掉，广武公秃发傉檀求情说："作为人子，欲归其父，也算人之常情，不必深责。历史上魏武帝曾认为关羽之奔是美德，秦昭公曾宽恕顷襄逃亡。炽磐之逃，对我而言是叛变，但其孝心可嘉。不如饶他一命，以示我们的大度。"利鹿孤听从了傉檀之言，免了乞伏炽磐一死。[①] 秃发傉檀救了乞伏炽磐之命，谁知日后自己却死于乞伏炽磐之手，确实应了"养虎遗患"这句古话了。

二、承前启后的康王利鹿孤

调整内外政策

南凉建和二年（401 年，东晋隆安五年）正月，由于河西形势总体上有利于南凉，南凉国中从武威王利鹿孤到一般官员都有些得意。群臣中有人吹嘘见

① 《资治通鉴》卷 111《晋纪》33 "安帝隆安四年（400 年）" 条记载："久之，乞伏炽磐欲逃诣乾归，武威王利鹿孤追获之。利鹿孤将杀炽磐，广武公傉檀曰：'子而归父，无足深责。宜宥之以示大度。'利鹿孤从之。"

到龙在长宁（今大通县南）出现，麒麟游于绥羌（约在今湟中），认为都是祥瑞之兆，竞相劝秃发利鹿孤称帝。唯独安国将军鍮勿崘力劝利鹿孤不要急于称帝。他说："我国自上世以来，披发左衽，无冠带之饰，逐水草迁徙，无城郭之制，所以能雄视沙漠，抗衡中原。如今要建大号，确也顺应民心，但是建都立邑，难以避患；建仓储蓄，易启敌人之心。且首称帝号，虚名无实，白白招惹众矢之的。陈胜、项籍，前鉴不远。不如将晋人（汉族人）安置在城镇内外，督其务农，征其赋税，以供军国之用；我等国人（鲜卑人）则演习战法。邻国弱则前往攻夺，强则退让躲避，岂不很好！"利鹿孤听后，十分赞同，说："安国将军鉴古论今，所言甚好。若非将军提醒，孤或致不自量力，有误大业。"于是打消称帝的念头，去武威王号，更称"河西王"。[①] 这个称号的更改，表示出利鹿孤有

① 《资治通鉴》卷112《晋纪》34"安帝隆安五年（401年）"条记载："武威王利鹿孤欲称帝，群臣皆劝之。"又《晋书》卷126《秃发利鹿孤载记》记载："利鹿孤立二年，龙见于长宁，麒麟游于绥羌，于是群臣劝进，以隆安五年僭称河西王。其将鍮勿崘进曰：'昔我先君肇自幽、朔，被发左衽，无冠冕之义，迁徙不常，无城邑之制，用能中分天下，威振殊境。今建大号，诚顺天心。然宁居乐土，非贻厥之规；仓府粟帛，生敌人之志。且首兵始号，事必无成，陈胜、项籍，前鉴不远。宜置晋人于诸城，劝课农桑，以供军国之用，我则习战法以诛未宾。若东西有变，长算以縻之；如其敌强于我，徙而以避其锋，不亦善乎！'利鹿孤然其言。"

兼并整个河西的志向。同时宣布以广武公秃发傉檀为都督中外诸军事、凉州牧、录尚书事。

再说后凉天王吕纂篡位以来，国势日衰，辖地日削，但他游猎无度，荒于酒色而不知自拔。一日，其太常杨颖劝谏说："臣听说皇天察人，唯德是举。德由人弘，天以福应。陛下应天受命，应以德相守。自陛下受命以来，疆宇越来越小，如今仅剩洪池岭与删丹岭之间区区之地。陛下却不知兢兢业业致力于恢复先帝之业，反而沉湎田猎，不以国家为事，这样下去是极危险的呀！臣蒙先帝厚恩，不避刀斧之诛，冒死劝谏，请陛下明察。"吕纂听后说："这是朕的罪过。没有贞亮之士，谁纠正君王之失。多谢太常的教诲。"话虽说得诚恳，但吕纂并没有改正的决心，未过几天，仍我行我素。

这年二月，后凉番禾太守吕超未经请示吕纂即擅自出兵攻打鲜卑思盘部，该部首领思盘派其弟乞珍向吕纂报告，请求处理。吕纂命吕超及思盘部都入朝来。吕超害怕有什么不测，到姑臧后，与殿中监杜尚深相结纳，嘱其为自己探听消息，以保全性命。

吕纂见到吕超后，板起脸训斥了几句："卿倚仗是朕的兄弟，就胆敢欺朕不成？真要斩了你的首级，天下才能安定！"吕超赶忙磕头谢罪。吕纂本没有杀吕超的意思，只是口头上吓唬吓唬。所以训斥完又拉着吕超、思盘与群臣共同在内殿赴宴，顺便对吕超与思盘进行调解。席间，吕超之兄中领军吕隆一再殷勤向吕纂劝酒，吕纂终于喝醉。在吕纂乘坐人拉小车回寝宫途中，吕超手起剑落，将吕纂刺死。

后宫杨氏闻变，命令禁兵捉拿吕超，殿中监杜尚出面制止，禁兵都丢弃武器不战。将军魏益多砍下吕纂首级大声宣布："吕纂违背先帝之命，杀太子而自立，在位期间荒淫暴虐。今番禾太守吕超顺人心而除之，以安宗庙，我等无论官民，拍手称快！"吕纂的叔父吕佗、弟吕纬当时都在姑臧北城，有人劝他二人集兵讨吕超。吕佗以年老相辞。吕纬态度有些暧昧，在吕隆的奉承下，次日与吕隆、吕超结盟后入城。刚进得城内，吕超即违背盟约，将吕纬斩杀。吕隆在弟吕超的推让下即天王位，改元"神鼎"，大赦境内，以吕超为都督中外诸军事、辅国大将军、录尚书事，封安定公。吕纂王后杨氏怒斥吕隆、吕超后从容自杀，其父杨桓（后凉右仆射）南奔西平，投降河西王利鹿孤。利鹿孤以杨桓为左司马。

南凉主利鹿孤见后凉发生内乱，吕隆新立，国内不稳，认为这是扫灭后凉的绝好机会，便亲自统率步骑数万讨伐后凉。

南凉大军来到姑臧，摆开进攻的阵势。后凉新主吕隆领兵迎战。交战不久，吕隆兵败，后凉兵士纷纷逃进城中，将城门紧紧关闭起来。姑臧城十分坚固，南凉军队想攻取它，在当时是很难办到的事情。不过，南凉此行已掠得后凉2000余户，利鹿孤下令班师返回西平。

这年（401年）六月，河西王利鹿孤对群臣说：“孤本无经世济国之才，辱在王位已有三年，虽夙夜谨勤，但刑政仍有不尽人意之处，国土尚无拓增，人才也有滞压现象。请众卿打消顾虑和忌讳，极言得失，我将择善而从之。”西曹从事（祠部郎中）史暠进言道：“臣闻古代为王者，凡举兵打仗，以保全军队为上，而以攻破敌国为次；动则救人于水火，并不一味征战。今陛下命将出征，无往不捷。然而不以宁安百姓为先，唯以迁徙民户为务。百姓久居一地，已然习惯，不愿迁徙他处，所以离叛者众多。这就是斩将拔城而地不加广的原因。另外，如今选拔人才，首先看重弓马，文章学艺成了无用之物，这不是招引远人使国家长治久安的好办法。孔子说：‘不学礼，无以立。’臣建议建立学校，选德高望重的饱学儒士教授子弟，以改良社会风气。”利鹿孤听了连连称善。随后，以地方大儒田玄冲、赵诞为博士祭酒（负责教学的官名），开办儒学，招收贵族和官僚子弟入学读书。①

自西晋末年以来，中原多次遭遇战乱，而河西地区一度相对安定，中州之人避难河西的很多，其中不乏很有名气的大儒，前凉张氏礼而用之，子孙相承，所以“凉州号为多士”，即知识分子比较密集，文化斐然，人才济济，使传统儒学文化在河西得以保存和发展。到十六国后期，河西地区战事渐多，文化学术的发展自然受到很大影响。像南凉这样在战争间隙还留心发展教育，建立儒学，恢复中衰200多年的公学，是十分难能可贵的。除兴办教育外，利鹿孤还听从史暠的意见，力图改变过去那种只知攻城掠户，不知抚绥百姓的做法，大力吸收汉族文化，改变政权形象，使南凉不仅兵强国富，还有惠民的仁政，以吸引广大民众的支持。至于对外政策，利鹿孤将攻取整个河西作为奋斗目标。对势力强大但远在关中的后秦，表面臣属，暗中借助其力以攻灭后凉。

① 《晋书》卷126《秃发乌孤载记》记载：“利鹿孤谓其群下曰：‘吾无经济之才，忝承业统……二三君子其极言无讳，吾将览焉。’祠部郎中史暠对曰：‘古之王者，行师以全军为上，破国次之，拯溺救焚，东征西怨。今不以绥宁为先，惟以徙户为务，安土重迁，故有离叛，所以斩将克城，土不加广。今取士拔才，必先弓马，文章学艺为无用之条，非所以来远人，垂不朽也。孔子曰：‘不学礼，无以立。’宜建学校，开庠序，选耆德硕儒以训胄子。’利鹿孤善之，于是以田玄冲、赵诞为博士祭酒，以教胄子。”

对后凉、北凉的政策基本上是联合北凉、对付后凉，但也视具体情况灵活运用。这些内外政策的调整，对南凉的逐渐强盛起到了积极作用。

挟制北凉

北凉王段业是个不善于耍政治手腕的儒雅长者，对善于权略的沮渠蒙逊有几分惧怕，想把他支到远处。沮渠蒙逊的军事谋略和政治才能高出段业一筹，平日与段业相处，意见看法多有不合，时间一长，也自感不安。当时北凉有个叫马权的人，武略过人，任门下侍郎。段业很欣赏马权，让马权代替沮渠蒙逊出任张掖太守。马权性格豪爽，又聪明能干，加之受到段业的信任和器重，不免有轻视甚至侮辱沮渠蒙逊的言行。沮渠蒙逊十分讨厌此人，有除掉他的念头，便在段业面前说马权的坏话道："打天下不用发愁，所忧虑的唯有祸国殃民的奸佞马权一人而已。"段业不做深思，即下令将马权捕斩了事。[①]

沮渠蒙逊对堂兄沮渠男成说："段公没有鉴别和

① 《晋书》卷129《沮渠蒙逊载记》所记原话是："业惮蒙逊雄武，微欲远之……以蒙逊为临池太守。业门下侍郎马权隽爽有逸气，武略过人。业以权代蒙逊为张掖太守，甚见亲重，每轻陵蒙逊。蒙逊亦惮而怨之，乃谮之于业曰：'天下不足虑，惟当忧马权耳。'业遂杀之。"

决断之才，非拨乱之主，看来靠他难成大业。蒙逊有废段公之意，过去不敢行动是怕索嗣、马权二人，现在此二人已死，蒙逊欲除掉段业，奉兄统领大业如何？”沮渠男成说：“段业原本一介孤客，是我们沮渠家族把他推举到这个位置上，他依靠你我兄弟如同鱼之有水。人家对我亲信，而我却谋害于他，恐怕不祥。”沮渠蒙逊不再作声，遂罢。过了几日，沮渠蒙逊向段业提出要出任西安太守（西安郡约在今酒泉西），段业一听沮渠蒙逊想离开张掖，立即高兴地准许了。这是公元401年三月的事。①

四月，沮渠蒙逊先与沮渠男成约定同往兰门山祭祀，随后，沮渠蒙逊又暗中派其司马许咸告诉段业：“沮渠男成阴谋作乱，时间定在休假期间。近期他如果请假去兰门山祭祀，则臣言就得到证实了。”过了几天，果然男成向段业请假要去兰门山祭山。段业相信沮渠男成反叛属实，即派人将男成关押起来，并赐死。沮渠男成知道段业中了沮渠蒙逊的奸计，便

① 《资治通鉴》卷112《晋纪》34“安帝隆安五年（401年）”条所记原话是：“蒙逊谓沮渠男成曰：‘段公无鉴断之才，非拨乱之主，曩所惮者惟索嗣、马权，今皆已死，蒙逊欲除之以奉兄，何如？’男成曰：‘业本孤客，为吾家所立，恃吾兄弟犹鱼之有水，夫人亲信我而图之，不祥。’蒙逊乃求为西安太守。业喜其出外，许之。”又《晋书》卷129《沮渠蒙逊载记》所记原话与此大同小异。

申辩说："蒙逊先与臣谋划反叛之事，臣念及兄弟之谊，隐而未言。他本意要反，由于臣我在，恐部众不服，所以玩起约臣祭山而反诬臣的把戏，是想借王之手杀臣。要破他的奸计也不难，请王放出风声，就说臣已死，并公布臣的罪状，则蒙逊必定要反，到那时臣奉王之命讨伐他，必胜无疑。"段业不听，还是将男成杀了。

沮渠男成的死讯传开后，沮渠蒙逊哭着对众部下说："男成兄忠于段王，而段王无故杀害贤良，各位能不为男成报仇吗？再者，我等共同拥立段王，是为了保全部众，如今他信谗害能，使州土纷乱，留着段王也无济于事了。"沮渠男成平日受到部众爱戴，一听说要替男成报仇，个个争先恐后。众人义愤填膺，从西安郡向张掖进发，要找段业算账。等赶到氐池县（张掖郡辖县），从者已超过万人。镇守氐池的臧莫孩率所部加入沮渠蒙逊等人的行列中，附近羌人、诸胡部落也纷纷起兵响应。沮渠蒙逊便率众在张掖西边的侯坞驻扎下来。①

北凉有个右将军叫田昂的，是西平豪族，先前因受到段业猜疑，被囚在狱中，这时沮渠蒙逊来攻，段业将田昂放出，赦免其罪并致歉意，请他与武卫将军梁中庸一起讨伐沮渠蒙逊。段业别将王丰孙对段业说:“西平诸田,代代有反逆之人。田昂貌恭而心险，不可相信。”段业说：“对田昂我猜疑已久，但眼下非常时期，不用田昂，再无人可讨沮渠蒙逊。”于是田昂率北凉大兵讨伐沮渠蒙逊。可是田昂一行来到侯坞，并未与沮渠蒙逊交战，而是率北凉军队中 500 骑降于沮渠蒙逊，段业军队的其他人便一哄而散。梁中庸无奈，也投降了沮渠蒙逊。此时沮渠蒙逊与段业相比，兵力上已占优势。

五月，沮渠蒙逊率部进至张掖，张掖各城门有

---

① 《晋书》卷 129《沮渠蒙逊载记》所记原话是：“蒙逊期与男成同祭兰门山，密遣司马许咸告业曰：‘男成欲谋叛，许以取假日作逆。若求祭兰门山，臣言验矣。’至期日，果然。业收男成，令自杀。男成曰:‘蒙逊欲谋叛，先已告臣，臣以兄弟之故，隐忍不言。以臣今在，恐部人不从，与臣克期祭山，返相诬告。臣若朝死，蒙逊必夕发。乞诈言臣死，说臣罪恶，蒙逊必作逆，臣投袂讨之，事无不捷。’业不从。蒙逊闻男成死，泣告众曰：‘男成忠于段公，枉见屠害，诸君能为报仇乎？且州土兵乱，似非业所能济。吾所以初奉之者，以之为陈、吴耳，而信谗多忌，枉害忠良，岂可安枕卧观，使百姓离于涂炭。’男成素有恩信，众皆愤泣而从之。比至氐池，众逾一万。镇军臧莫孩率部众附之，羌胡多起兵响应。蒙逊壁于侯坞。”

段业所派军士把守。守军中有田昂兄子田承爱，他已知道叔父田昂降沮渠蒙逊的消息，便率一部分亲信将守关之将斩杀，迎沮渠蒙逊进城。段业左右卫兵见势不妙，各自逃散。沮渠蒙逊雄赳赳来到段业面前，段业自知难逃一死，但还是口不由已地求情说："孤孑然一身，被君家所推，以至于此。请舍我余命，得以东归，与妻子儿女相见。"沮渠蒙逊不允，命人将段业推出斩首。

段业是京兆（今陕西西安市以东）人，自幼博览群书，有文案之才，但无他权略，虽贵为国王，却少威严，禁令不行，又不会察人用人，尤其相信占卜、巫术，最终导致人亡政息。段业被沮渠家族扶上王位总共只有四年，史家认为他是"为奸佞所误"。沮渠男成之弟沮渠富占、将军俱傫等不愿追随仇人沮渠蒙逊，又没有其他路可走，便率部落500户南越祁连山投降河西王利鹿孤。①

① 《晋书》卷129《沮渠蒙逊载记》所记原话是："业先疑其右将军田昂，幽之于内，至是，谢而赦之，使与武卫梁中庸等攻蒙逊。业将王丰孙言于业曰：'西平诸田，世有反者，昂貌恭而心狠，志大而情险，不可信也。'业曰：'吾疑之久矣，但非昂无可以讨蒙逊。'丰孙言既不从，昂至侯坞，率骑五百归于蒙逊。蒙逊至张掖，昂兄子承爱斩关内之，业左右皆散。蒙逊大呼曰：'镇西何在？'军人曰：'在此。'业曰：'孤单飘一己，为贵门所推，可见丐余命，投身岭南，庶得东还，与妻子相见。'蒙逊遂斩之。业，京兆人也。博涉史传，有尺牍之才，为杜进记室，从征塞表。儒素长者，无他权略，威禁不行，群下擅命，尤信卜筮、谶记、巫觋、征祥，故为奸佞所误。"

六月，梁中庸等共推沮渠蒙逊为大都督、大将军、凉州牧、张掖公。沮渠蒙逊大赦境内，改元“永安”。沮渠蒙逊委任从兄沮渠伏奴为镇军将军、张掖太守、和平侯，以弟沮渠挐为建忠将军、都谷侯，田昂为镇南将军、西郡太守，臧莫孩为辅国将军，房晷、梁中庸为左右长史，张骘、谢正礼为左右司马。无论升了文官还是升了武官的，个个喜不自胜。从此，沮渠蒙逊取代段业成为北凉的首脑。①

借助后秦攻后凉

回过头来再说后凉。后凉吕隆通过政变上台后，恐国人不服，就采用滥杀豪强望族的办法以树威，结果更加使国内人人自危，姑臧城笼罩在恐怖气氛中，城内城外一派乱哄哄的气象。广武人焦朗派人对后秦派到陇右地区曾经讨伐西秦的陇西公姚硕德说：“吕氏自武皇帝吕光弃世以来，其子侄辈兄弟相攻，后

① 《晋书》卷129《沮渠蒙逊载记》所记原话是：“隆安五年，梁中庸、房晷、田昂等推蒙逊为使持节、大都督、大将军、凉州牧、张掖公，赦其境内，改元永安。署从兄伏奴为镇军将军、张掖太守、和平侯，弟挐为建忠将军、都谷侯，田昂为镇南将军、西郡太守，臧莫孩为辅国将军，房晷、梁中庸为左右长史，张骘、谢正礼为左右司马。擢任贤才，文武咸悦。”

凉政纲不立，当权者竟为威虐，百姓饥馑，死者过半。眼下乘吕隆新复之际，攻取后凉易如反掌，望公莫失良机。”姚硕德感到焦朗所言很有道理，但因事机重大，自己不能作主，便报告了后秦皇帝姚兴，请求批准由他统兵西征。姚兴也赞同焦朗的看法，同意姚硕德出兵武威。

东晋隆安五年（401 年）五月，姚硕德率步骑 6 万讨伐后凉，行军路过金城郡时，乞伏乾归率骑兵 7000 随后秦军向西进发。乞伏乾归是一个月之前得到姚兴的允准，回到故地苑川（今甘肃榆中县东北）的，他被允许照旧统领原部落。乞伏乾归回来后，以他的原部将边芮为长史，以王松寿为司马，原先的公卿、将帅全部相应地降格为僚佐、偏将、裨将。

秋七月，后秦大军在陇西公姚硕德的率领下，于金城（今兰州西）渡过黄河，径直向广武（今甘肃永登）进发。广武郡原为后凉所辖，由其镇东将军吕方镇守。上年九月，吕方投降后秦，广武百姓无主，有 3000 余户奔河西王利鹿孤。利鹿孤遂派官予以安置，并派军镇守广武。这时后秦大军浩浩荡荡开了过来，河西王利鹿孤不敢相抗，便命广武守军撤出廉川堡以避其锋。

姚硕德率部来到姑臧，在城外屡次挑战。后凉王吕隆派其二弟辅国大将军吕超、三弟龙骧大将军吕邈等率部迎战。后秦兵多势众，攻势凶猛，后凉兵难以招架，姚硕德挥军厮杀，大败后凉，生擒吕邈，俘虏和斩首的数以万计。吕隆收兵回城,将城门紧闭,不再出战。吕隆之叔后凉巴西公吕佗见势不妙，率东苑之众 2.5 万人投降后秦。

后秦西征初战告捷，对河西地区震动很大。河西王利鹿孤、西凉王李暠、北凉主沮渠蒙逊各派使者带上贡物和文书前往长安,向后秦称贺,并行问候礼。

两个月之前，南凉王秃发利鹿孤亲自领兵讨伐吕隆时，后凉将军姜纪前来归降，随南凉大军来到西平。广武公秃发傉檀与姜纪谈起兵略来,十分投机,二人坐则连席，出则同车，白天谈兴不尽，往往夜以继日。傉檀对姜纪十分爱重，利鹿孤却另有看法，他对傉檀说："姜纪这个人是很有才华，但据我观察，此人必不久留于此，不如将他杀了。如若让他归附后秦，必为我患。"傉檀说:"臣弟以平民之礼与他结交，他一定不会相负于我。"

但是事实果然如利鹿孤所料，这年八月，姜纪带领数十骑不辞而别，偷偷离开西平，回到姑臧，投降了后秦。[1] 姜纪对姚硕德说："吕隆固守孤城，别无援军，明公以大军威临城下，吕氏迟早必降无疑。然而他只是表面认输，文降而已，并不心服。纪请将军拨给3000精骑，与凉州本地人王松忽、焦朗、华纯等的部众相汇合，搜寻可乘之机，短期内不难将姑臧攻破。否则，当今秃发氏在南，兵强国富，如果一旦北进兼并了姑臧，威势更盛，西边的沮渠蒙逊、李暠等都不是秃发利鹿孤的对手，必将依附南凉。那样的话，就等于壮大了国之大敌的力量。"姚硕德对姜纪的见解深表赞同，于是上表姚兴，任命姜纪为武威太守，配给精兵2000，使屯据姑臧西北的晏然县城。半年前投降利鹿孤的原后凉右仆射杨桓，是后秦谋士杨经的弟弟，后秦皇帝姚兴听说杨桓学识渊博，德望很高，就遣使到南凉，召杨桓到长安。利鹿孤本不想放，但怕后秦怪罪，不敢挽留，于是置酒相送，二人洒泪相别。

姚硕德围姑臧城数月后，城中籍贯在东部的人

① 《资治通鉴》卷112《晋纪》34"安帝隆安五年（401年）"条所记原话是："初，凉将姜纪降于河西王利鹿孤，广武公傉檀论兵略，甚爱重之，坐则连席，出则同车，每谈论，以夜继昼。利鹿孤谓傉檀曰：'姜纪信有美才，然视候非常，必不久留于此，不如杀之。纪若入秦，必为人患。'傉檀曰：'臣以布衣之交待纪，纪必不相负也。'八月，纪将数十骑奔秦军。"

中图谋反叛后凉者不少，曾动手砍下吕纂头的魏益多从旁煽动、诱惑，密谋刺杀吕隆和吕超。他们的密谋被吕氏发觉后，株连而死者300余家。姚硕德在姑臧城外安抚各族百姓，聚积粮草，作持久围城的打算。城中后凉群臣纷纷上表请求与后秦议和，但吕隆不答应。安定公吕超说："如今城中储积空竭，上下嗷嗷，即使张良、陈平复生，也没有办法对付。陛下应考虑有屈有伸的权变之策，只要能退敌，修尺书、致卑辞又有什么了不得？等强敌离去之后，再修德政，培养民力。若尚有天命，不愁旧业不复；若天命已去，起码可以保全宗族，不然，坐困下去，最终怎么办？"吕隆这才同意讲和。

公元401年九月，吕隆派使者来到姚硕德帐下，请求投降。姚硕德上书请准后秦皇帝姚兴后，准其投降，并任吕隆为镇西大将军、凉州刺史、建康公。吕隆让众子弟和原文武旧臣亲信50余家迁居长安，以为人质。姚硕德便撤兵东还。

回头说401年八月，北凉沮渠蒙逊所部酒泉、凉宁二郡叛降于西凉，使沮渠蒙逊颇感恼火。九月，又听说后凉吕隆投降了后秦姚兴，十分畏惧。便想与南凉结好关系，危急时好向秃发利鹿孤求援。沮渠蒙逊派人将他的儿子沮渠奚念送至西平，交给河西王秃发利鹿孤作为人质。利鹿孤嫌奚念年少，不接受，要求沮渠蒙逊将其弟沮渠挐送来作人质。十月，沮渠蒙逊遣使送文书给利鹿孤，文书中说："臣前次奉上奚念是诚心实意，而圣旨未允，更征弟挐。臣私意以为，如果有诚意，送儿子不算轻；如果无信用，则弟不为重。如今局势不平静，臣不能奉诏将弟挐送到，请陛下鉴察。"当时沮渠蒙逊登位不久，实力尚弱，既有求于兵强国富的南凉，又把南凉的要求不当回事，使秃发利鹿孤勃然大怒。利鹿孤立即派弟张松侯秃发俱延、兴城侯秃发文支共率 1 万骑兵袭击沮渠蒙逊。南凉兵来到北凉地界万岁（今甘肃山丹西）、临松（今甘肃民乐县西）地方，与北凉兵交战，俘获沮渠蒙逊堂弟沮渠鄯善苟之子，掳掠其民 6000 余户。沮渠蒙逊急派其堂叔沮渠孔遮火速赶往西平，朝见河西王利鹿孤，答应以沮渠挐为质。利鹿孤这才转怒为喜，下令将所掠 6000 余户归还北凉，并召俱延、文支率部南返。①

① 《资治通鉴》卷 112《晋纪》34"安帝隆安五年（401 年）"条记载："蒙逊遣子奚念为质于河西王利鹿孤。利鹿孤不受，曰：'奚念年少，可遣挐也。'冬，十月，蒙逊复遣使上疏于利鹿孤曰：'臣前遣奚念具披诚款，而圣旨未昭，复征弟挐。臣窃以为，苟有诚信，则子不为轻；若其无信，则弟不为重。今寇难未夷，不获奉诏，愿陛下亮之。'利鹿孤怒，遣张松侯俱延、兴城侯文支将骑一万袭蒙逊。至万岁、临松，与北凉兵交战，执蒙逊从弟鄯善苟之子，掳其民六千余户。蒙逊从叔孔遮如朝于利鹿孤，许以挐为质，利鹿孤归其所掠，召俱延等还。"

胡坑夜战

后秦陇西公姚硕德撤离武威后，他所推荐任命的后秦武威太守姜纪仍驻在晏然城。这年（401 年）冬十二月，后凉主吕隆派吕超领兵反攻姜纪，没有攻下，便转而向东，攻打驻扎在魏安（约在今甘肃古浪县土门镇）的焦朗。焦朗派侄子焦嵩向南凉王利鹿孤求救，条件是将自己作为人质。利鹿孤认为焦朗作为对吕隆的牵制力量而存在，对南凉是有利的，于是派车骑将军秃发傉檀率兵往救。但等秃发傉檀赶到魏安时，吕超因难以攻取而退兵。焦朗知道是侄子请的南凉救兵到了，本应开门欢迎，但害怕秃发氏将他和城中百姓迁到湟水流域，所以又改变初衷，紧闭城门，不予接纳。秃发傉檀非常气愤，决定攻打魏安。其弟镇北将军秃发俱延劝阻说："安土重迁是人之常情。焦朗困守魏安孤城，又无粮食可接济，今年不降，后年自服，何必以多杀士卒为代价去攻城。你把他打急了，他必定要投降他国。这种驱士民以助敌国的做法很不明智。不如晓之以理，加以抚慰，使他为我所用，岂不更好？"秃发傉檀觉得俱延所言不差，便与焦朗连和。焦朗表示愿意成为秃发氏的盟友。从此，魏安差不多成了南凉的国土了。与焦朗谈妥后，秃发傉檀率部到姑臧耀武扬威，然后修筑壁垒，驻扎在胡坑（在今武威西）。①

后凉吕超得知南凉兵在姑臧西边驻扎下来，十分不安，便有通过乘夜劫营赶走南凉兵的念头。秃发傉檀估计到吕超可能要派人来偷袭，便预先做了准备。有一天晚上，果然碰上吕超派来劫营者，为首者是后凉中垒将军王集，他率精骑 2000，人衔枚，马摘铃，乘夜悄悄向秃发傉檀营中摸来。秃发傉檀早已命兵士蓄火以待，虽已听到动静，但他装作浑然不知，一幅不慌不忙的样子。王集放大胆子率人深入南凉兵营垒之中，正待发动进攻，忽听号炮声响，南凉伏兵突然跃起。营内营外喊杀声震天，伏兵人人手中高举兵器和火把，火光普照大地，如同白昼一般，兵器寒光闪闪，令人胆战心惊。王集等被吓得魂飞魄散，知道中了傉檀的计，但想逃出已非易事。秃发傉檀指挥将士冲杀过来，王集等慌忙抵挡，混战中，王集被杀，另有 300 余人战死，其余捡了活命的也大

① 《资治通鉴》卷 112《晋纪》34“安帝隆安五年（401 年）”条记载：“超攻姜纪不克，遂攻焦朗。朗遣其弟子嵩为质于河西王利鹿孤以请迎，利鹿孤遣车骑将军傉檀赴之；比至，超已退，朗闭门拒之。傉檀怒，将攻之。镇北将军俱延谏曰：‘安土重迁，人之常情。朗孤城无食，可接济，今年不降，后年自服，何必多杀士卒以攻之！若其不捷，彼必去从他国；弃州境士民以资邻敌，非计也。不如善言谕之。’傉檀乃与朗连和。遂耀兵姑臧，壁于胡坑。”

多负伤。先后逃回者将劫营不成反遭败绩的经过报告了吕隆。吕隆对秃发傉檀的善于用兵感到恐惧。但他又想出假意投降的计策，想骗秃发傉檀进城谈判，然后乘机将他杀了。秃发傉檀接到吕隆使者请他到苑内结盟的书信后，并未亲往，而是派弟秃发俱延前去。秃发俱延为人心细，他怀疑吕隆预先设有伏兵，便没有从苑门进入，而是拆毁一段苑墙进入。尽管如此，还是与吕超所设伏兵遭遇，秃发俱延与冲上前来的伏兵格斗，将为首的几个砍死，但秃发俱延坐骑负伤，他只好下马步战。随行的凌江将军郭祖奋力与后凉伏兵作战，在他的护持和协同配合下，秃发俱延才脱险而归。秃发傉檀听到报告后，恨得咬牙切齿，恨不得踏平姑臧城，活捉吕隆。但是望着高大坚固的姑臧城墙，又无可奈何。

当时姑臧城周围后凉地盘中可攻者还有显美城（约在武威东南），驻守者是后凉昌松太守孟祎。秃发傉檀移师攻打显美，吕隆派其广武将军荀安国、宁远将军石可率骑兵 500 前往救援，但荀安国等畏惧南凉兵，未敢参战就逃跑回去了。孟祎指挥城中军民坚守，傉檀久攻不下。当时正值严冬腊月，天寒地冻，孟祎以为南凉兵必不能持久。谁知南凉不拿下显美不收兵，一直坚持攻打。终于于次年（402 年）正月攻破显美，活捉了孟祎。秃发傉檀指着被五花大绑的孟祎斥责说："本将军正耀威玉门，欲扫平秦陇，你固守穷城，耽延国事，难道不知道识时务者为俊杰，先降者奖，后归者罚的道理吗？国有常刑，按律砍你脑袋，你有何话说？"孟祎从容回答说："明公开拓河右，声震天下，以文德绥化远人，以威武惩戒不从。像我这样渺小的人，怎敢抗拒天命？按律施刑，是祎罪有应得。不过，忠于彼者，亦忠于此。蒙吕氏厚恩，受任防守边城，若明公刚到就立即望旗归顺，恐除了获罪于吕氏外，也会得罪于将军您。请明公细察。"秃发傉檀听了孟祎一番话，反而满心喜悦，亲自为孟祎松了绑，以客礼相待。

秃发傉檀打了个小胜仗，便率军南归本国，临行时，将显美、丽靬（约在今甘肃永昌南）二地的百姓 2000 余户强行迁往西平。至西平后，秃发傉檀赞赏孟祎为人忠烈，经与秃发利鹿孤商议，拜孟祎为左司马。不想孟祎却坚辞不受，他说："吕氏行将灭亡，圣朝必能攻取河右，这是无论智愚之人都明知的结局。但祎为人守城没有保全，却在圣朝担任显要职位，于心私下不安。若蒙明公开恩，使能返回姑臧赴斩，死且不朽。"秃发傉檀被孟祎的义气感动，便答应他的要求将他予以释放。[1]

出兵救后凉

就在孟祎打算回姑臧时，姑臧城内正经历着一场罕见的大饥荒。由于连年战乱，百姓农耕失时，尤其自上年以来，接连被西秦、南凉、北凉围攻或讨伐，姑臧城虽尚未破，但城内谷价越来越贵，到公元402年春天时，灾荒更严重，每斗谷价涨至5000文，发生了人吃人的现象，饿死的人达10余万口。姑臧城门白日关闭，人们樵采路绝，百姓请求出城为鲜卑人、卢水胡人、羌人等少数民族贵族当奴婢者每天有数百人。吕隆痛恨这些人动摇军民坚守城池之心，命令

① 《晋书》卷126《秃发傉檀载记》记载："遣傉檀又攻吕隆昌松太守孟祎于显美，克之。傉檀执祎而数之曰：'见机而作，赏之所先；守迷不变，刑之所及。吾方耀威玉门，扫平秦、陇，卿固守穷城，稽淹王宪，国有常刑，于分甘乎？'祎曰：'明公开翦河右，声播宇内，文德以绥远人，威武以惩不恪，况祎蕞尔，敢距天命！衅鼓之刑，祎之分也。但忠于彼者，亦忠于此。荷吕氏厚恩，受藩屏之任，明公至而归命，恐获罪于执事，惟公图之。'傉檀大悦，释其缚，待之客礼。徙显美、丽靬二千余户而归。嘉祎忠烈，拜左司马。祎请曰：'吕氏将亡，圣朝之并河右，昭然已定。但为人守而不全，复忝显任，窃所未安。明公之恩，听祎就戮于姑臧，死且不朽。'傉檀义而许之。"又《资治通鉴》卷112《晋纪》34"安帝元兴元年（402年）"条的记载与此大同小异。

部下将他们全部活埋。于是想出城的人也不能出了，城内大小道路摆满了饿死者的尸体。在这样的情况下，北凉沮渠蒙逊乘机攻伐姑臧。这时的吕隆真是窘迫至极，实在无奈，遣使试向南凉借兵。

南凉建和三年（402年，东晋元兴元年）二月，河西王利鹿孤召集群臣商议，是否该出兵救后凉。尚书左丞婆衍崘献策道："如今姑臧饥荒残敝，谷米每石售价超过万钱，野无青草，人们无处取食。沮渠蒙逊千里行军，粮草挽运不能相继。沮渠、吕氏二贼互相残杀，正好对我有利。假如蒙逊攻拔姑臧，谅他也守不住，恰可为我攻取提供机会，所以，不应出兵相救。"广武公秃发傉檀说："此言乃只知其一，不知其二之说。姑臧城如今虽然空虚衰敝，但它位于形胜之地，是河西一都之会，千万不可叫沮渠蒙逊占领了。如果一旦被沮渠蒙逊占领，再去攻取反而难于从前。所以应当速救。"秃发利鹿孤说："车骑将军之言，甚合我意。"于是派秃发傉檀率骑兵一万进军姑臧。

就在秃发傉檀率军北进之际，吕隆乘沮渠蒙逊大意，突然出击打败了北凉军队。沮渠蒙逊在吃了败仗的前提下，与吕隆讲和，将所带来的一万余石粮食留下，以赈饥荒。当南凉兵到达昌松（今甘肃古浪县）

时，即得知沮渠蒙逊已退兵西去的消息，但秃发傉檀不想空手而回，便继续前进，到凉泽（汉休屠泽，今甘肃民勤县东），强迁段冢地方的500余户而还。

公元402年二月下旬，南凉中散骑常侍张融对秃发利鹿孤说："魏安地方的焦朗兄弟前不久已与我国结盟，但近来暗中与后秦姚氏相通，多次反复，如果现在不拿下魏安，焦氏将来必为朝廷之患。"秃发利鹿孤深表赞同，即派秃发傉檀再赴河西讨伐。焦朗兄弟在南凉军强大攻势之下，自知难以抗拒，便自动投降。秃发傉檀将他二人送至西平，同时将魏安城内外民户迁到乐都。

这年三月，河西王秃发利鹿孤病重，临终传令："当前国家内外多忧，国事繁剧，我一旦不愈，由车骑将军继统大业，以成先王之志。"不久去世。谥号康王，葬西平之东南。[1]其墓被后世当地人称为"圆山尔"，古迹至今犹存。

秃发利鹿孤担任南凉国王共三年，这三年期间，他处事比较谨慎稳妥，能广泛听取臣下意见，决策上没有出现大的失误。尤其难能可贵的是能听进去批评

---

① 《晋书》卷126《秃发乌孤载记》记载："利鹿孤寝疾，令曰：'内外多虞，国机务广，其令车骑嗣业，以成先王之志。'在位三年而死，葬于西平之东南，伪谥曰康王。弟傉檀嗣。"

性意见，主动“延耆老，访政治”，即征求老百姓对国家行政的意见和看法，采纳合理成分，对改良政治或多或少起了积极作用。他在位时期，将其兄秃发乌孤开创的王业继续推向前进，当时南凉王国的国力在河西诸小国中是最强的。这就为南凉王国走向鼎盛，为下一任国王称霸河西打下了较坚实的基础。

三、傉檀继位与迁都姑臧

傉檀改称凉王

南凉建和三年（402 年）三月，秃发傉檀继位，去河西王号，改称凉王（“南凉”国名即由此而来），改元“弘昌”，并将都城由西平迁至乐都（今青海海东市乐都区）。

秃发傉檀自幼为人机警，有谋略，长于口才。其父秃发思复鞬生前宠爱并看重秃发傉檀，曾对秃发乌孤、秃发利鹿孤等诸子说：“傉檀的器识禀赋是你们兄弟几个都赶不上的。”由于这个缘由，秃发乌孤、秃发利鹿孤都不传位于儿子而专欲传位给秃发傉檀，就是想让他实现先祖的宏愿。① 秃发傉檀在秃发乌孤开创基业过程中，出谋划策，出生入死，立有不少功勋。秃发利鹿孤在位时，将军国大事都交给秃发傉檀办理，凡秃发傉檀的主张，利鹿孤基本上全部听从，而自己垂衣拱手而已。其用心不能说没有包含着意培养秃发傉檀，让他在实践中增长才干的寓意。秃发傉檀在两位兄长在位时确实经受了必要的锻炼，增长了才干。

一年多之前，在南凉作人质的原西秦王乞伏乾归世子乞伏炽磐曾叛逃被捉，河西王利鹿孤怒气冲冲，下令将他斩首，秃发傉檀出面求情，才饶他命。这年（402 年）四月，乞伏炽磐再次逃跑，刚到允街（今甘肃红古区境内），即被南凉守兵发现。守兵将消息报告凉王秃发傉檀，傉檀不但未杀炽磐，干脆将好事做到底，下令将炽磐的家眷妻小全部送到炽磐处，礼送他出境。

从后来的史实看，这次释放确实是放虎归山，对南凉而言，称得上遗患无穷。当时乞伏炽磐对傉檀感恩戴德，携带妻小弟兄等来到苑川，与其父乞伏

① 《晋书》卷 126《秃发乌孤载记》记载："傉檀少机警，有才略。其父奇之，谓诸子曰：'傉檀明识干艺，非汝等辈也。'是以诸兄不以授子，欲传之于傉檀。及利鹿孤即位，垂拱而已，军国大事皆以委之。"

乾归团聚。小住几日后，乾归使炽磐东入长安，朝觐后秦帝姚兴。姚兴与乞伏炽磐寒暄几句，比较赏识炽磐的才干，遂命他出任兴晋郡太守。

十月，南凉王秃发傉檀亲自率军攻打后凉，见姑臧城防守甚严，城中饥荒已有所缓解，他见无可乘之机，便无功而返。

上年（401 年）六月曾推举沮渠蒙逊为张掖公的北凉西郡太守梁中庸，这年十二月叛北凉，投奔西凉公李暠。沮渠蒙逊知道后，冷笑着对部下说："我待中庸，恩如骨肉，可是中庸不相信我。这是他过于自负，孤不在乎此一人。"于是派人将梁中庸的妻小送到西凉边界。

这年（402 年）年底，后秦姚兴遣使拜南凉秃发傉檀为车骑将军、广武公，北凉沮渠蒙逊为镇西将军、沙州刺史、西海侯，西凉李暠为安西将军、高昌侯。上述南凉、北凉、西凉是河西地区三个臣属于后秦的地方政权，从姚兴的封号看，南凉主的封号是"公"，北凉、西凉的封号是"侯"，公的爵位比侯高一个等级，说明当时南凉主秃发傉檀的地位和势力在其他两个政权之上。

沮渠蒙逊对这种封法很是不满，后来（403 年）后秦使臣梁构到张掖时，沮渠蒙孙忍不住问道："秃发傉檀封为公而我只封了侯,这是凭什么？”梁构说："傉檀凶恶而狡猾，对我秦国的忠诚还没有显现出来，所以朝廷赐以重爵虚名，这是为了笼络他而已。像将军您这样忠贯白日，理应去京城做官的人，怎么可以像对待秃发傉檀那样对待呢？再说，圣朝封赏爵位一定要与功劳相称，如当朝尹纬、姚晃，都是辅佐帝王的良材，齐难、徐洛，均一时之猛将，他们的爵位只不过侯伯，将军哪些方面比他们强？东汉初河西窦融入朝后谦恭礼让，不欲位在旧臣之上，想不到将军却忽发此问。”蒙逊说:"我只是随便问问。另外，还要请教一点，我现据张掖，朝廷不封我张掖侯却封西海侯又是何意？”梁构说："张掖，将军已经自己占有了，封西海的用意，是想让将军扩大疆域嘛。”蒙逊听后心中喜悦，愉快地接收了封号。[①]

秃发傉檀被后秦封为公，心中暂时没什么不高兴的。他在国内动员军民，全力兴筑乐都城。乐都城宏伟广大，外城中又有内城。这时的南凉、北凉都想攻取河西地区的中心城市姑臧，但都畏惧后秦之强，不敢贸然出兵。傉檀这时候大筑乐都城，是想让外界相信他无意于攻取姑臧。

① 详见《资治通鉴》卷113《晋纪》35“安帝元兴二年（403年）”条所记。

公元402年年底，后秦派镇远将军赵曜率兵2万驻扎于金城（今兰州西固），派建节将军王松忽率骑西赴武威，助后凉吕隆防守姑臧。王松忽路过魏安境时，驻守魏安的傉檀弟秃发文真未经请示凉王傉檀，擅自出击王松忽，将其俘获。傉檀知道后大怒，狠狠训斥了文真一通，命人将王松忽送回长安，并附表自责谢罪。这一事件表明傉檀不愿在这个时候得罪后秦，后秦由此也知道南凉在军事上颇有实力，不能小视。①

计取岭北五郡

南凉弘昌二年（东晋元兴二年403年）秋七月，凉王秃发傉檀听说北凉沮渠蒙逊将攻姑臧，恐被他捷足先登，便也出兵北伐。南凉、北凉军队都屯于姑臧城外。后凉王吕隆十分忧愁。消息传到长安，后秦谋士对姚兴说："吕隆藉其伯父吕光之资，专制河外，如今虽因灾荒等因十分困窘，但尚能自支。将来一旦丰足，恐终久不为我有。凉州险绝之地，田土肥沃，又是河西重镇，不如乘目前危敝之时派兵攻取下来，

① 详见《资治通鉴》卷112《晋纪》34"安帝元兴元年（402年）"条所记。

以免落入别人之手。”姚兴觉得有理，便派使臣到姑臧，要征调吕隆之弟吕超到长安做官。吕隆知道这是后秦要下手的一个信号，想到姑臧迟早守不住，还不如适时投降。便让吕超多带珍宝，向后秦主姚兴提出自己也要到长安，请姚兴派人迎请的要求。姚兴得知后，当即派尚书左仆射齐难、镇西将军姚诘、左贤王乞伏乾归、镇远将军赵曜率步骑4万西赴武威，迎请吕隆。南凉王秃发傉檀听说后秦大军西来，便通知驻扎在昌松（今甘肃古浪县城）、魏安（今甘肃古浪县东土门一带）二城的南凉军队撤回岭南，以避后秦军锋。

八月，后秦齐难等到达姑臧，吕隆素车白马，亲自在道旁迎接。将后秦官员迎入城中后，吕隆通报了河西的形势，认为秃发氏、沮渠氏都对姑臧虎视眈眈。南凉距姑臧较远而北凉较近，他力劝齐难派出一部分兵力出击北凉沮渠蒙逊。齐难见吕隆说得恳切，同意出兵。

沮渠蒙逊听说后秦兵来攻，派部将臧莫孩率部相拒，竟打败了后秦前军。齐难见蒙逊有一定军事实力，不是轻而易举就能消灭的，便与蒙逊结盟。蒙逊派弟弟沮渠挐亲至长安，向秦王姚兴贡献方物。齐难准备东返，派司马王尚代理凉州刺史，配兵3000镇守姑臧，并派将军阎松为苍松（即昌松）太守，郭将为番禾（今甘肃永昌）太守，分别驻扎在姑臧之东南部和西部，与姑臧形成掎角之势，以便互相照应。临行时，将吕氏宗族、后凉原文武官员及其家属以及凉州百姓上万户人迁徙到长安。到长安后，姚兴让吕隆担任散骑常侍，让吕超出任安定郡（治所在今甘肃泾川北）太守，其余文武各官根据才能和特长分别予以安置。[①] 后凉从此灭亡。从吕光建国到吕隆亡国，后凉总共存在13个年头。

早在6年前，西平术士郭黁就曾说过“代吕者王”的话，所以他起兵反后凉时，先推举王详，后推举王乞基（见前）。到如今后凉亡，吕隆率宗室东迁；任凉州刺史的果然是姓王之人（王尚）。郭氏虽然偶有言中者，但他自己投奔后秦后，又因逃奔东晋，被后秦兵追杀了，却没有预先测算出来。可见占卜之术并不能真正预知未来。

后秦军队在齐难率领下撤回后，凉州地区在王尚等人的治理下，渐有起色。史书说王尚以信义抚绥百姓，百姓纷纷归顺于他，就连北部鲜卑也遣使来贡。

---

① 《资治通鉴》卷111《晋纪》35“安帝元兴二年条”记载：“八月，齐难等至姑臧，隆素车白马迎于道旁。……徙隆宗族、僚属及民万户于长安。兴以隆为散骑常侍，超为安定太守，自余文武随才擢叙。”

这样的形势对日夜想攻取姑臧的秃发傉檀来说并不是好消息。但是后秦中心远在关中，王尚所部军队仅仅数千，姑臧又处在南凉、北凉的包围中，王尚绝对感觉不到安稳太平的气氛。于是，王尚主动遣使与南凉搞好关系。他所派聘礼使者便是主簿宗敞。

宗敞是西州望族，很有文才，西州人评论其才干在杨桓之上。宗敞之父宗燮早年与秃发傉檀见过面，还有些私交。宗燮在吕光在世时曾任过后凉湟河郡（治所约在今青海化隆县）太守,后升为尚书郎，由湟河郡去姑臧的途中，与秃发傉檀相见于广武（今甘肃永登）。那时他拉着傉檀的手说："我观君气宇轩昂，神采飘逸，无疑是杰出的精英人物，将来定能平定世难。只恨我年已老耄，见不到那一天，谨以我儿敞等兄弟托付于君，望多关照。"多少年过去了，这时宗敞碰巧作为修好的使臣与秃发傉檀相见于乐都，傉檀感到格外亲切。对宗敞说："孤只不过是平常之才，蒙令尊错爱，常恐辜负了他老人家的水镜之明。后来孤辱承家业，常想念于君，不想今日有幸得见卿面。"宗敞说："大王之仁可与魏祖曹操相比，存念先人，令人感佩。"二人饮酒至酣，谈及生平，傉檀说："卿真乃三国时鲁肃式的人物，孤只恨不能与卿共成大业呀。"

南凉弘昌三年（404年，东晋元兴三年）二月，秃发傉檀畏惧后秦，为了表面博得后秦的好感，暗中图取姑臧，决定取消年号，废罢尚书、丞、郎这一级的官职，派参军关尚赴长安向后秦主姚兴致以问候之礼。关尚到达长安后，姚兴对关尚说："车骑将军既然献诚心，称藩属，为何又擅自兴兵筑造大城，这难道合乎为臣之道吗？"关尚回答说："王公造城池以守其国，这是先王的创制。城池的作用是保卫百姓安全，以防不测。车骑将军僻在远藩，近临强敌，南有尚未臣服的逆羌，西有沮渠胡跋扈，兴兵筑城正是为国家防卫着想，不想陛下忽生嫌心。"姚兴笑道："卿所说很有道理。"①

这年，秃发傉檀派弟秃发文支率兵出击南羌和北凉，均有小胜。于是秃发傉檀上表姚兴，要求领护凉州。姚兴没有答应，只是加秃发傉檀散骑常侍名义，增封邑2000户。秃发傉檀也不灰心，继续增强本国实力，为获得凉州做准备。

又过了两年，到东晋义熙二年（406年），后秦

① 《资治通鉴》卷113《晋纪》35"安帝元兴二年（403）条"记载："南凉王傉檀畏秦之强，乃去年号，罢尚书丞郎官，遣参军关尚使于秦。秦王兴曰：'车骑献款称藩，而擅兴兵造大城，岂为臣之道乎？'尚曰：'王公设险以守其国，先王之制也。车骑将军僻在遐藩，密迩勍寇，盖为国家重门之防；不图陛下忽以为嫌。'兴善之。"

因不断用兵，国力有所耗损，南凉则积蓄力量，加紧密图姑臧的步伐。这年六月，傉檀亲自率兵讨伐北凉沮渠蒙逊，驻在氐池（今甘肃民乐），蒙逊闭城不战，傉檀便命兵士收割当地庄稼，直至赤泉（氐池北）而返。接着，傉檀派人向姚兴献马3000匹，羊3万只，以表示对后秦的忠心，并邀功请赏。姚兴认为秃发傉檀两年前要求领护凉州，没有获准，但并未介意，如今又有献马、献羊的举动，这是对自己忠诚的表现，一时高兴，即封秃发傉檀为都督河右诸军事、车骑大将军、凉州刺史，令其率兵镇守姑臧。同时下令召原凉州刺史王尚回长安。这就是说，后秦终于同意将凉州五郡（武威、番禾、西郡、昌松、武兴）之地交给秃发傉檀，换句话说，秃发傉檀数年来的表面文章没有白做，终于如愿以偿，得到了凉州五郡。

南凉迁都姑臧

十六国时期，河西地区多民族杂居，汉族与鲜卑族之间的民族矛盾一直存在，有时还比较尖锐。姑臧城中的汉族大多希望王尚这样的人统治凉州，而不希望秃发傉檀入主姑臧。当秃发傉檀被委任为凉州刺史取代王尚的消息传开时，姑臧城中汉族人感到非常意外。凉州汉族人申屠英等经商议，决定派一名能说会道的人赶赴长安，劝后秦主姚兴收回成命。他们选定的人是凉州主簿胡威。

胡威见到姚兴，代表凉州军民请求留下王尚，姚兴不答应。胡威痛哭流涕地说道：“臣所在的凉州奉戴王化已近五年。凉州远离京城，孤军困守强虏之中，士民尝胆拭血，共守孤城，仰赖陛下圣德，俯仗良牧仁政，方才得以保全，以至今日。臣不懂陛下为何以臣等换三千匹马、三万只羊，如果国家急需马匹，只需下一道圣旨，臣州三千余户，各献马一匹，朝令夕办，有何难处？今陛下无故将五郡之地忠良华族弃于暴虏，不但臣等州里百姓涂炭，而且恐怕圣朝也要因此而寝食不安呀。”

姚兴听了胡威的一番话后委实有些后悔，急令西平人车普骑上快马去传令，让王尚不要急于返京，同时另派人告知秃发傉檀暂缓到凉州赴任。但是，这一切为时已晚。这时秃发傉檀已率步骑 3 万抵达姑臧城南，驻在五涧地方。车普将后秦主姚兴有反悔之意的消息提前透露给了傉檀，傉檀急忙派人催逼王尚离任。王尚在没有接到车普传达的新命令的情况下，只得派辛晃、孟祎、彭敏出迎，自己出青阳门（姑臧城东门）东返。与此同时，秃发傉檀派出的镇南将军秃发文支率部率先进了凉风门（姑臧城南门，又名朱明门），随后傉檀令大军入驻姑臧。[1]

后秦凉州别驾（协助刺史处理总务的官）宗敞送凉州前刺史王尚还长安，行前与新到任的刺史秃发傉檀告别。傉檀想劝宗敞留下，说道："我得凉州三千余家，但最在乎的，只有先生您一人而已。先生为什么要舍我而去。"宗敞说："我送旧君，为的正是忠于殿下呀。"傉檀说："我新任贵州刺史，怎样才能做到怀远安近，望先生不吝赐教。"宗敞说："凉州这地方虽然凋敝，但属于形胜之地。只要殿下普施恩惠于百姓，又能做到任贤用能，农战并修，文教兼设，那么，纵横天下都不发愁，区区河右的安定有什么难的！"接着宗敞向傉檀推荐了凉州文武名士十余人，文士有：武威名流段懿、孟祎，秦陇才俊辛晃、彭敏，中州大族裴敏、马辅，前凉王室后裔张昶等；勇同关张的武士有：张穆、边宪、文齐、杨班、杨崧、赵昌等。秃发傉檀大喜，对宗敞的建议一一采纳，还赐给宗敞良马200匹（后又拜宗敞为太府主簿、录记室事）。于是大宴群臣于谦光殿，论功行赏，颁赐

① 《资治通鉴》卷114《晋纪》36"安帝义熙二年（406年）条"记载："兴悔之，使西平人车普驰止王尚，又遣使谕傉檀。会傉檀已帅步骑三万军于五涧，普先以状告之；傉檀遽逼遣王尚；尚出自青阳门，傉檀入凉风门。"

金银马羊各有差，以示庆祝。

秃发傉檀置酒庆贺入驻姑臧，酒酣之际，傉檀仰视华丽宏伟的宣德堂感叹说："古人有言：'作者不居，居者不作'，看来此言不虚呀。"武威人孟祎说："大王所言甚是。始造此堂者是前凉文王张骏，张氏筑城苑，修宗庙，试图将王业传续万代，但前秦军队渡过黄河，前凉顷刻瓦解。梁熙据全州之地，曾拥有十万之众，与吕光一战，兵败身死。吕氏以排山之势，称王西土，曾几何时，又携宝东降。古人说：'富贵无常，忽辄易人。'此堂之建，至今已达百年。前后主政凉州者共计十有二人。总结起来，只有践行信义、顺应民心者才能久处主政之位，愿大王勉之。"傉檀认为孟祎告诫得很好："如果没有先生，孤怎么能听到正直之言呢！"①

秃发傉檀逼走王尚，进入姑臧后，嘉纳宗敞的建议，任用凉州文武人才，使各得其所。但军事要塞

① 《晋书》卷126《秃发傉檀载记》记载："傉檀宴群僚于宣德堂，仰视而叹曰：'古人言作者不居，居者不作，信矣。'孟祎进曰：'张文王筑城苑，缮宗庙，为贻厥之资，万世之业，秦师济河，漼然瓦解。梁熙据全州之地，拥十万之众，军败于酒泉，身死于彭济。吕氏以排山之势，王有西夏，率土崩离，衔璧秦、雍。宽饶有言：'富贵无常，忽辄易人。'此堂之建，年垂百载，十有二主，唯信顺可以久安，仁义可以永固，愿大王勉之。'傉檀曰：'非君无以闻谠言也。'傉檀虽受制于姚兴，然车服礼章一如王者。以宗敞为太府主簿、录记室事。"

仍委派鲜卑人镇守，要害职位仍委派心腹之人担任。这年（406年）八月，傉檀派弟兴城侯秃发文支镇守姑臧，另外分出一部分兵力驻扎在番禾、昌松等处。安排停当后，他带少数随从返回乐都。为防北凉沮渠蒙逊来攻，傉檀遣使结好西凉李暠。

其实，这时的李暠也需要得到实力较强的南凉的支持。上年正月，西凉公李暠自称大将军、大都督，领秦、凉二州牧，大赦境内，改元“建初”。八月，经与其长史张邈商议，将西凉王国的都城由敦煌迁至酒泉（今甘肃酒泉），目的是对北凉沮渠蒙逊造成威逼感。迁都一年后的今天，见到南凉派来建立友好关系的使者，李暠自然很高兴，痛快地答应了秃发傉檀的要求，因为这是互利互惠的事。再则南凉与西凉相距较远，基本上没有利益冲突，所以容易结为盟友，以便共同防备北凉。

这年（406年）冬十一月，南凉将都城由乐都迁至姑臧。[①] 秃发傉檀虽接受后秦所封官爵，但车服礼仪仍与称王时一样，并未变更。在迁都之前，他派西曹从事史暠赴长安觐见姚兴并行问候之礼。姚兴问史暠：“车骑将军这次坐定凉州，荣升本国官爵，他

① 《资治通鉴》卷114《晋纪》36“安帝义熙二年（406）条”记载：“十一月，秃发傉檀迁于姑臧。”

是不是很感激我？”史暠回答说：“车骑将军积德河西，而陛下过去甚少过问，是车骑将军主动万里投诚，陛下正需要这样的人才，论功授职，这是很合乎制度的正常行为，车骑将军有什么必要特别感恩于陛下呢？”姚兴说：“朕如果不将凉州授予车骑，他怎会得到这个地方呢？”史暠说：“使河西云扰，吕氏统治颠覆的，实际上主要是车骑将军兄弟。陛下虽然宏光远照，但凉州仍在天纲之外。所以具有周公、召公身份的征西将军（指姚硕德）力屈于姑臧，率领强大王师的齐难受挫于张掖。王尚孤城独守，面对众多强夷之逼。陛下如果不连续用兵十年，用空国家财力，凉州是拿不下来的。现在陛下赐人虚名，而内收大利，实在是高明非常。对车骑将军而言，既有升授之名，更是凭实力争取的结果。”姚兴听了，对史暠的能言善辩颇为欣赏，便拜他为骑都尉。

秃发傉檀借归降后秦保存了实力，不费一兵一卒，取得了河西五郡之地，一时成为河西的霸主。然而，河西五郡战略地位十分重要，北凉、西凉和原西秦的割据势力都盯着这块“肥肉”，秃发傉檀占取姑臧之日，便是他成为众矢之的之时。南凉迁都姑臧，既是其国力达到鼎盛的标志，又是其开始走向衰弱的转折点。

一、初据姑臧，内外交困

初败均石

南凉国王秃发傉檀迁都姑臧以后，心情十分振奋，他想通过农战并修，迅速扩展势力，以达到巩固岭北五郡，进一步称霸河陇的目的。于是以宗敞为太府主簿、录记室事，将凉州原文武官员予以妥善安置，以笼络人心，造成刷新政治的气象。对外政策方面，东面暂且继续向后秦称臣，西则与西凉李暠结好关系。至于北凉沮渠部，与南凉近在肘腋，曾同南凉一起出兵攻击后凉吕氏，也始终觊觎姑臧重镇，如今对南凉而言威胁最大，是秃发傉檀巩固岭北五郡的最大障碍。俗话说："卧榻之旁，岂容他人酣睡？"秃发傉檀视北凉如眼中钉、肉中刺，必欲置之死地而后快，他一直在盘算怎样才能以最快的速度消灭掉北凉。还有东南近邻乞伏部,被后秦打败后投降后秦，近来势力渐强，似有复国的可能。对乞伏炽磐采取何种对策，傉檀暂时还未考虑好。

为了尽快灭掉北凉，必须有众多的兵员。兵员从哪里来？秃发傉檀想到湟河郡、西平郡辖区散居着数万户羌人，平时不太听管束，若是明着下令征集兵员，他们未必听从。有个部下建议，何不借巡游之名，乘其不备，强行迁徙？傉檀认为可行。

东晋义熙三年（407 年）春，傉檀率千余人回到乐都，又大张旗鼓，由乐都出发，对外声称要巡游浇河郡（郡府在今贵德县），别无他意。返回途中，却乘羌人不备，令军队分头行动，强行将 3 万余户羌人向祁连山以北迁徙。羌人自然不愿离乡背井，但在棍棒枪矛的威逼下，不得不拖家带口，按南凉军人所指的方向北行。途中行走近一月,才陆续到达河西地界。秃发傉檀下令，将来自湟水流域的羌户分为四拨，分别安置在武兴郡（约在今甘肃金昌市与民勤县一带）、番禾郡（郡府在今甘肃永昌县）、武威郡、昌松郡（郡府在今甘肃古浪县）境内，并分给田土，令其耕种，兼养牲畜为生。[1]

这时南凉处于鼎盛时期，其疆域东起今甘肃景泰、兰州西郊一线，西至青海湖滨，西北到河西大黄山麓，南达今青海同仁、贵德一带，北接腾格里沙漠。地跨祁连山南北，势控河湟之要冲，已成为陇右地区最有实力的王国。

再说西秦亡国之君乞伏乾归于上年十一月入朝长安，向姚兴问安。这年（407年）正月，姚兴见乾归父子势力逐渐增大，隐隐有对其已难以控制的预感，担心乞伏部终为西部心腹大患。于是决定乘乾归在长安，留他任主客尚书之官，委任他的世子乞伏炽磐为建武将军、行西夷校尉，以统领其原有部众。消息很快由后秦使臣传达给乞伏炽磐。炽磐知道父亲已被后秦扣住，但自己势力尚弱，一时也无可奈何。

这年七月，南凉主秃发傉檀所派使者来到苑川（今甘肃榆中），求见炽磐。炽磐接见后，使者大谈其主秃发傉檀如何勇武，有大略，如今进据姑臧，占据形胜之地，更加兵强国富，将来必能统一河陇云云。又以傉檀与炽磐同为鲜卑人，又有早年施恩于炽磐的特殊关系，煽动乞伏炽磐背叛后秦，与秃发部共谋割

① 《晋书》卷126《秃发傉檀载记》记载："傉檀伪游浇河，袭徙西平、湟河诸羌三万余户于武兴、番禾、武威、昌松四郡。"

据河陇。乞伏炽磐很明白地知道，自己的实力还没有到足以公开与后秦翻脸的地步，其父乾归尚羁留在长安，这里稍有风吹草动，父亲的性命就有不保之虞。况且，秃发傉檀乃野心勃勃之辈，并非贴心的合作伙伴，所以，此刻宁可得罪傉檀，不能得罪姚兴。于是经与部属商议，将南凉的使者斩首，又修表一封，连同使者首级送到长安，以表示对后秦的忠贞不贰。① 姚兴一见这些“物件”，对秃发傉檀的所作所为十分气恼，定下迟早要收拾傉檀的主意，对乞伏炽磐的忠心则予以嘉勉。

秃发傉檀对乞伏炽磐不给一点面子的绝情做法也痛恨不已，他咬牙暗中发誓，等扫平北凉，站稳姑臧之后，定要出兵东南，灭掉恩将仇报的炽磐小子，以雪此辱。

秃发傉檀迁都姑臧还不足一年，按说应休养生息，广施恩惠于河西百姓，取得各族民众的信任和拥护，再图拓展疆域也不迟。可是傉檀取得姑臧后，听到的尽是颂扬之词，渐渐地自己也觉自己了不起，骄傲自大起来，过高估计自己的力量，过低估计北凉的力量，认为北凉可以轻易拿下。

① 《资治通鉴》卷 114《晋纪》36“安帝义熙二年（406 年）条”记载：“秃发傉檀复贰于秦，遣使邀乞伏炽磐，炽磐斩其使送长安。”

这年九月，秃发傉檀征集鲜卑、汉、羌等各族兵员5万余人，战马近万匹，稍加训练后，在方亭（约在今甘肃武威西）进行了规模宏大的阅兵仪式。这一阅兵，傉檀禁不住被自己拥有这么多威风凛凛的军队所陶醉，更加按捺不住出兵西征的冲动。在没有认真研究沮渠蒙逊兵力部署的情况下，急不可耐地贸然发动了对北凉的战争。

沮渠蒙逊自幼熟读兵书，长于权变，在用兵谋略上胜秃发傉檀一筹。他接到探马关于南凉兵前来讨伐的报告后，立即调度兵马，选择张掖之东的均石作为主战场，在这里修筑了工事，扎下营寨，布置好弓弩手，备足弓箭，并在南凉兵必经之地挖下不少陷阱。一切准备停当，专等南凉兵来攻。

秃发傉檀率部向西杀来，首先攻入西陕（今甘肃山丹西）。原来这里没有多少守兵，南凉先头部队轻易将西陕攻下，更认为北凉不堪一击，便径直向张掖冲过来。蒙逊率大军在均石迎战，双方战鼓齐鸣，短兵相接。一时间，鼓角声与刀矛撞击声、人喊马嘶声交织在一起，惊心动魄。南凉兵来势汹汹，攻势甚猛，但北凉兵也毫不含糊，并没有被南凉兵的气势所吓倒，而是沉着应战。由于北凉军队早有准备，以逸待劳，战不多时，南凉兵侧翼被不断涌来的北凉兵包围，渐渐地南凉兵陷于被动，转攻为守。北凉兵在沮渠蒙逊的指挥下掩杀过来，南凉兵大败，死伤无数，降者数千。

秃发傉檀见先头部队吃了败仗，急令坚守西郡（在今甘肃山丹县东南）。西郡所储粮草不多，傉檀亲率骑兵 2 万从武兴、番禾等地赶运粮草，将 4 万石粮食运到西郡，以为持久防守之计。沮渠蒙逊率军来攻。双方在西郡城外对峙。本来南凉兵众势强，西伐虽难取胜，但自守总绰绰有余，无奈河西军民对新主秃发部有排斥心理，不愿为其卖命作战，加之秃发傉檀运筹帷幄上难敌沮渠蒙逊，故西郡不久又被蒙逊攻陷，傉檀进一步向东退守，蒙逊便收兵返回张掖。[①]

交恶大夏

公元 407 年，秃发傉檀兵败均石不久，又得罪了大夏。这里所说的大夏，是匈奴铁弗部人赫连勃

① 《资治通鉴》卷 114《晋纪》36“安帝义熙三年（407）条”记载：“九月……秃发傉檀将五万余人伐沮渠蒙逊，蒙逊与战于均石，大破之。”又《晋书》卷 126《秃发傉檀载记》记载：“（傉檀）征集戎夏之兵五万余人，大阅于方亭，遂伐沮渠蒙逊，入西陕。蒙逊率众来距，战于均石，为蒙逊所败。傉檀率骑二万，运谷四万石以给西郡。蒙逊攻西郡，陷之。”

勃所建的小王国。赫连勃勃，字屈孑，是匈奴右贤王去卑的后裔,曾建立汉（前赵）的刘渊之同族五代孙。勃勃先祖原从母氏姓刘，勃勃称帝后，认为帝王即是天子，其威仪声望盛大显赫而与天连，便改姓“赫连”氏。赫连勃勃曾祖叫刘虎，祖父叫刘豹子，均为数万户部落的大首领，有将军等名号;其父叫刘卫辰，在前秦时被苻坚任命为西单于，督领河西诸部，驻屯代来城（今内蒙古鄂尔多斯市东胜西）。淝水之战后，前秦兵败，王室衰落，而刘卫辰势力发展，占有朔方（今宁夏银川至壶口的黄河流域）之地，控弦之士有三万八千人。公元386年，刘卫辰投降后秦，后秦主姚苌任命刘卫辰为大将军、大单于、河西王、幽州牧。公元391年，刘卫辰派其子直力鞮率众八九万进攻北魏。北魏王拓跋珪率部相拒，大败直力鞮，并乘胜追击，渡过黄河。刘卫辰部惊慌失措，北魏军攻下代来城，刘卫辰在逃跑途中被部下杀死。拓跋珪下令将刘卫辰子弟宗党5000余人全部斩杀，并投尸于黄河，获其马30余万匹，牛羊400余万头只，黄河以南原刘卫辰部属全部投降北魏。赫连勃勃是刘卫辰幼子，乘乱向西北逃跑，投奔鲜卑薛干部。拓跋珪听到勃勃逃脱的消息，就派使者与薛干部交涉，要求将勃勃交由北魏处置。薛干部首领太悉仗对魏使说：“勃勃国破家亡，势穷归我，我宁可与他同死，怎忍心交给贵国。”于是派人将勃勃送给鲜卑多兰部首领没弈干。没弈干曾与刘卫辰合作过，任过前秦安定（治所在今甘肃泾川北）都尉，后投奔后秦，任后秦高平公。他见赫连勃勃身材魁梧，仪表英俊，不但收留了勃勃，还将女儿许配给他。公元407年，没弈干将赫连勃勃推荐给后秦帝姚兴。姚兴见赫连勃勃身长八尺五寸，腰带十围，不仅长得高大，而且聪明健谈，暗自称奇，已有几分喜欢。经与他讨论军国大事，听了勃勃的见解，更为赏识，对他的宠信和礼遇超过了朝中旧臣。姚兴弟弟姚邕劝道："我观赫连勃勃对上轻慢，对下残忍，贪猾不仁，必是反复无常之人，陛下不可亲近他。”姚兴不听规劝，认为勃勃有“济世之才”，遂命他为安北将军、五原公，配给三交地方的五部鲜卑及其他民族部落共2万余落，镇守朔方，伺机对付北魏。[①]

这年（407年）六月，赫连勃勃听说后秦与自己的世仇北魏互有来往，十分恼怒，有了背叛后秦之意。恰巧柔然可汗向后秦献马8000匹从朔方郡路过，赫连勃勃率部将马匹劫下，然后集合其所部3万余

① 详见《资治通鉴》卷114《晋纪》36“安帝义熙三年（407）条”的记载。

人以射猎的名义突袭高平川（今宁夏固原地区），令部将杀死岳父没弈干，将其部众并入自己麾下。于是自称大夏天王、大单于，建元“龙升”，大赦境内，置百官。此后陆续打败薛干等鲜卑三部，迫其数万人口归降。十月，开始骚扰姚兴，先后攻陷后秦北部诸戍（当时的军事建置）。这时，部下纷纷劝他说：“陛下想要经营关中，就应当先固根本，使人心有所凭依，高平地方山川险固，土地肥沃，适宜建都城，请陛下定都高平。”

赫连勃勃说：“卿等只知其一，不知其二，当前我正在草创时期，部众不多，而姚兴一时雄主，部下都很听命，所以关中不能急图。我若专固一城，姚兴必全力对付我，我不是人家的对手，灭亡之日可能立待。不如发挥我云骑风驰的特长，倏来忽往，他救前我击后，他救左我击右，出其不意，让姚兴疲于奔命，防不胜防。如此不要十年，岭北河东之地就会尽归我有。等姚兴一死，其子姚泓庸弱之辈，怎能敌我？那时再取长安不迟。今后大计，我早已谋划过了。”①

赫连勃勃的做法果然奏效，在铁弗骑兵的骚扰下，后秦岭北地区的城镇整天处于紧张状态，根本

① 详见《资治通鉴》卷114《晋纪》36“安帝义熙三年（407）条”的记载。

无法过正常的生活。姚兴感叹道："唉，我不用邕弟之言，至生此患，今日悔也无及了。"

赫连勃勃曾袭杀岳丈没弈干，所以称王之后，不想立妻为后，便遣使至南凉，向秃发傉檀求婚。秃发傉檀知道北魏主拓跋珪曾杀了刘卫辰宗族亲信5000余人，匈奴铁弗部与鲜卑拓跋部已经结下了世仇，秃发部与拓跋部同出一源，拓跋氏的敌人也就是秃发氏的敌人。再则，赫连勃勃天性残虐，连危难之际收留他并将爱女下嫁给自己的岳丈都要杀，这种人禽兽不如，怎能与他结为秦晋之好？于是，傉檀拒不接见赫连勃勃的来使，只让属下将不接受求婚的意见转告大夏使者，打发他回去。

赫连勃勃没有料到南凉竟敢拒绝他的求婚，见求婚使臣无功而返，使他感到受了奇耻大辱，不禁勃然大怒，立即起兵西行，要对南凉大加挞伐。

再败阳武

东晋义熙三年（407年）冬十一月，夏主赫连勃勃率骑兵2万，杀气腾腾从高平（今宁夏固原）一带向西进发。进入南凉地界后，纵兵肆行杀掠，从杨非（约今甘肃靖远一带）到枝阳（今甘肃永登南）

300余里间，杀伤万余人，驱掠2.7万余口，另抢得马牛羊数十万头只后，沿原路东返。夏兵所到之处，南凉百姓老弱被屠，青壮年被掳，房座被毁，财物被抢掠一空，百姓呼饥号寒，牛羊奔突，鸡飞犬蹦，其景不忍闻睹。消息报到秃发傉檀处，傉檀立即率骑从姑臧出发，日夜兼程向东南追奔，想夺回被掠人畜。

行至魏安（今甘肃古浪县土门）一带，部将广武人（一说魏安人）焦朗向秃发傉檀献策说："勃勃天姿雄健，驭兵有方，善于作战，不可轻敌。如今夏兵饱掠我物资，个个思归心切。他们必定要拼死保住抄掠所得，所以人自为战，难与争锋。与其从后追击，不如从温围（约今甘肃景泰县境）北渡黄河，占据地势险要的万斛堆（约在今甘肃靖远县东南部郭城驿），沿水结营，扼其咽喉，这是百战百胜的万全之策。"

秃发傉檀的另一部将贺连听了焦朗的意见，十分恼怒，他对傉檀说："启禀大王，臣与焦将军的看法正好相反。赫连勃勃以败亡之余，率乌合之众，犯我疆域，祸国殃民，只不过乘我不备，侥幸得手。如今所掠财物如山，所驱牛羊塞道，各人自顾不暇，已没有军队的样子，稍遇风吹草动，必各自贪财护物，哪能顾得上作战？我大军临之，他必土崩鱼溃。若按焦将军的意思，引军避开，不与交战，正示敌以弱，助敌气焰。当前我军士气正旺，宜在速追。”

傉檀当时没有仔细分析两种意见的优劣，加之不了解赫连勃勃的作战特点，于是只顾及了呈勇的一面，没有深思斗智的一面，当下大声命令道："我追计已决，敢阻者斩！"

前锋将士闻令，扬鞭催马，继续向东南方向急急追赶，大军随后跟上，浩浩荡荡追杀过来。

赫连勃勃这时正骑在马上，慢悠悠地随大军东返，脑子却没有闲着。他早已想好了作战计谋。其实他害怕的正是焦朗之谋，如果秃发傉檀采纳了焦朗的建议，抢在夏军之前占据万斛堆，沿祖厉河扎下营寨，夏兵要回高平就困难了。值得他窃喜的是傉檀采纳了贺连的建议，发兵来追，这样他就可以捕到战机，变退为进，击败南凉军了。

勃勃率部行至阳武（在今甘肃靖远县境），察看了一阵地形，阳武下峡谷深道窄，两面山崖峻峭，无路可行，出峡即是黄河。勃勃凝望一阵，有了主意，他下令军士将所掠财物和人口集中起来，派专人看守，令兵士凿下冰块，盖在车上，层层相垒，堵死过河东返的通道，专等南凉军的到来。众军士面面相觑，心想大王这不是置我等于死地吗？

赫连勃勃哈哈大笑道："孤用的正是当年项羽的

‘破釜沉舟’之计，汝等前无退路，后有追兵，要想活命，唯有拼死一战。众将士立功的机会到了，有斩傉檀首者重赏！”

这时秃发傉檀所率追兵已赶到，傉檀在阵前大骂赫连勃勃无信无义，命令善射将士瞄准勃勃放箭，竟射中勃勃左臂。勃勃不顾伤痛，将手中兵器向前一指，众军士一声呐喊，在战鼓声中向南凉追兵冲杀过来。南凉将士急忙射箭,夏兵冲在前面的倒下一批，但后面的竟无惧色，继续前冲。南凉兵没有料到被追者会如此勇猛地反冲过来，还没有反应明白，前方阵脚已乱,有的被夏兵砍下马来。南凉兵留下一批死尸，连忙掉头后撤。后面的军士知前军已败，只管各自逃命。南凉军队兵败如山倒，只恨逃命的速度不快。秃发傉檀想制止退逃，却毫无办法，他本人也担心被大夏兵追上,性命不保,只得在亲兵勇将护卫下退逃。

与南凉兵狼狈逃窜相反，大夏兵却越战越勇，将跑在后面的南凉军士见一个砍一个，南凉军士竟很少有还手的。夏军一直追奔 80 余里，斩杀和击伤的南凉军士数以万计，南凉名将丢掉性命者十余人。秃发傉檀与数骑奔至枝阳南山，才有喘息的机会。回想起来，仍心有余悸。幸亏傉檀坐骑是一匹宝马，此马名叫“雪中炭”，上身漆黑，四蹄雪白，长得体高背宽，十分矫健，飞跑起来既快又平稳。但赫连勃勃手下良骑也不少,险些将傉檀追上。勃勃见天色将晚，即命鸣锣收兵，清点南凉军死尸。他命兵士将南凉将士的尸体堆积起来，形成高高的尸山，取名“髑髅台”，以为景观。然后率军士赶着抢掠的牛羊、人口等得意扬扬地返回岭北原地。①

边、梁之乱

秃发傉檀率残兵败将回到姑臧城中，一连数日心情沮丧。他当着群臣的面深自内责，后悔没有听从焦朗的主意，对赫连勃勃有些轻敌，致有阳武之败。在痛定思痛之际，他产生了更大的忧惧：自己遭阳武之败的消息被北凉沮渠氏和后秦姚氏知道后，他们一定会幸灾乐祸，假如东、西两大强敌乘我新败、

① 《资治通鉴》卷 114《晋纪》36“安帝义熙三年（407）条”记载：“勃勃求婚于秃发傉檀，傉檀不许。十一月，勃勃帅骑二万击傉檀，至于支阳，杀伤万余人，驱掠二万七千余口、牛马羊数十万而还。傉檀率众追之。焦朗曰：‘勃勃天姿雄健，御军严整，未可轻也。不如从温围北渡，趋万斛堆，阻水结营，扼其咽喉，百战百胜之术也。’傉檀将贺连怒曰：‘勃勃败亡之余，乌合之众，奈何避之，示之以弱，宜急追之！’傉檀从之。勃勃于阳武下峡凿凌埋车以塞路，勒兵逆击傉檀，大破之，追奔八十余里，杀伤万计，名臣勇将死者什六七。傉檀与数骑奔南山。勃勃积尸而封之，号曰髑髅台。”

士气不振之机，发兵前来进攻怎么办？漫说东、西两强同时夹击，就是其中之一来攻，也是很不好对付的。傉檀越想越担心，召集众臣集议，大家出了不少主意，但真正可行的良策几乎没有。

秃发傉檀想到赫连勃勃侵入南凉国境后，大肆掳掠、杀害百姓，这叫他十分心疼。没有人户，兵员就无从征集，田地就无人耕垦。辖区人户不众，国力自然就难以强盛。秃发傉檀思前想后，感到保护人户是当务之急。那么，怎样保护境内百姓呢？以南凉国当时的兵力，如果分散到各地驻守，不敷分派，防守效果也不好，还有被来敌各个击破的危险。有人建议，姑臧城坚固难攻，何不把城外百姓暂时迁进城内以避强敌之逼呢？傉檀再找不出更好的办法，决定照办。于是下令将姑臧城周 300 余里以内的百姓统统迁往姑臧城中。此令一出，执行过程中，许多城外百姓一时得不到妥善安置，寒冬季节还有露宿街头者；原城中住户，也因拥挤不堪，颇有牢骚。不几天，国中惊慌情绪蔓延，怨声载道。南凉国内当时民族众多，政治势力和背景复杂。这种形势最易引发动乱。

南凉军咨祭酒梁裒、辅国司马边宪均是姑臧城内旧人，原与宗敞不睦。秃发傉檀入主姑臧后，对宗敞言听计从，重用宗敞推荐的文武才俊，梁、边二人未被列入才俊之列，未受重用，早就心怀不满。这次傉檀与赫连勃勃交战吃了败仗，百姓又被强制迁入姑臧，引起一定的恐慌和抱怨。他二人认为，秃发氏的统治岌岌可危，现在是刺杀秃发傉檀夺其权力的绝好时机。于是频繁密谋,共有 7 人参与谋反策划。

正当他们准备发动叛乱之际，姑臧城中屠各族人成七儿却率先在北城作乱。成七儿并不是什么官员，他所率者是屠各部 300 余人，他自知名微资浅，想推举地方名流梁贵为盟主。可是梁贵闭门不应。成七儿便利用百姓的不满情绪进行煽惑，一夜就聚集了好几千愿跟随他造反的人。这些人情绪激动，摩拳擦掌。南凉殿中都尉张猛得知消息后，立即率部分卫士赶到现场。他见围聚的人很多，都在听成七儿的演讲鼓动，有的手持武器，蠢蠢欲动。

张猛为人忠厚，深明大义，平时在百姓中很有威信。张猛当时并没有立即指挥军队镇压，而是站在一台阶高处，大声说道：“诸位安静，听在下直言。我主眼下新遭阳武之败，致败缘由是仗我军人多势盛，小觑了赫连勃勃小儿。对此，主上一再自责悔过。人谁无过？能悔过者即为明君。而诸位不明真相，何必追随此小人作不义之事。本都尉已率殿中卫士来此，只要一声令下，诸君性命难保。只是念及诸君一时轻信谣言煽惑，故喻以利害，如不尽快散开，祸在眼前，悔将无及。”

众人听了张猛的话，顿时头脑冷静下来，纷纷散开。成七儿所部300来人被殿中兵包围，乱作一团。成七儿乘乱逃出姑臧北城，向晏然（今甘肃民勤）方向逃奔，被殿中骑将白路等追上斩首。一场即将爆发的动乱就这样被张猛等人平息下去了。

成七儿聚众图谋作乱的消息传到边宪、梁裒等人的耳中，边、梁等异常高兴，他们想以此为契机，利用成七儿所聚人员起事。但他们没有料到张猛竟神速将事态平息下去，更出乎他们意料的是，他们图谋反乱的事已被秃发傉檀知悉。天还未亮，当边宪、梁裒等7人按预定计划手执兵器行动时，早有殿中武士等着捉拿他们。边、梁等7人反迹昭彰，被押赴刑场，斩首示众。①

东晋义熙三年（407年）十一月，南凉继阳武之败后，又遭遇“边梁之乱”，幸亏对内部变乱发现早，

① 《资治通鉴》卷114《晋纪》36“安帝义熙三年（407年）条”记载：“傉檀惧外寇之逼，徙三百余里内民皆入姑臧。国人骇怨，屠各成七儿因之作乱，一夕聚众至数千人。殿中都尉张猛大言于众曰：‘主上阳武之败，盖恃众故也，责躬悔过，何损于明，而诸君遽从此小人为不义之事，殿中兵今至，祸在目前矣！’众闻之，皆散。七儿奔晏然，追斩之。军咨祭酒梁裒、辅国司马边宪等谋反，傉檀皆杀之。”

处理早，镇压得及时，没有造成太大的内伤。但从此以后，南凉国势逐渐趋于衰落，也是历史事实。史家把这年十一月作为南凉由盛趋衰的转折点。

二、挫败后秦，保住姑臧

姚弼来袭

东晋义熙四年（408 年）五月，后秦主姚兴见南凉外有阳武之败，内有边、梁之乱，便产生乘机讨伐秃发傉檀，收回姑臧的想法。他先派尚书郎韦宗前往姑臧，观察南凉的虚实。

韦宗到达姑臧后，受到秃发傉檀的热情接待，以学识渊博见称的韦宗利用闲谈机会，拿话试探傉檀的学识水平。没想到傉檀对汉文历史典籍非常熟悉，谈古论今，口若悬河。从战国时六国纵横之规，到三国时各国的内争外战方略，无不见解精辟，评价中肯；远说天命兴废，近陈人事成败，均能洞悉机变，而且言辞华美，清丽儒雅。

韦宗对傉檀的辩才大为折服，退而感叹道："奇才英杰、堪称儒家师尊者，未必尽是中原汉族之学士；

拨烦理乱、澄气济世的高明见解，也未必限于《三坟》《五典》《八索》《九丘》之类。我今日方知，自诩精通儒家经典者之外，号称礼仪之邦的中原地区之表，也不乏大才呀。车骑将军秃发傉檀神机秀发，与一代伟人战国戎人由余、西汉时匈奴人金日磾相比，毫不逊色！”

韦宗回到长安，向姚兴禀报了西行观察南凉国的感受，并说：“凉州虽然暂时衰敝，但秃发傉檀权略过人，又有山河之固，近期不可进图。”[①] 姚兴说：“刘勃勃以乌合之众尚且能打败秃发傉檀，我堂堂大国，以天下之兵讨伐，难道还没有绝对把握吗？”

韦宗说：“是没有把握。因为形势在不断变化，结果也随之大不相同。所谓侵人者易败，自守者难攻是有道理的。阳武之役，秃发傉檀处在主动追击的地位，赫连勃勃则处于自守地位，再则傉檀因轻敌而败给勃勃。今我国若以大军征讨姑臧，傉檀一定婴城自守。我军处于侵入者地位，傉檀变成自守者，他

① 《晋书》卷126《秃发傉檀载记》记载：“傉檀与宗论六国从横之规，三家战争之略，远言天命废兴，近陈人事成败，机变无穷，辞致清辩。宗出而叹曰：‘命世大才、经纶名教者，不必华宗夏士；拨烦理乱、澄气济世者，亦未必《八索》《九丘》。五经之外，冠冕之表，复自有人。车骑神机秀发，信一代之伟人，由余、日磾岂足为多也！’宗还长安，言于兴曰：‘凉州虽残弊之后，风化未颓，傉檀权诈多方，凭山河之固，未可图也。’”

因惧我而小心翼翼，所以难攻。臣窃观我朝群臣才略，还没有比得上秃发傉檀的。即使凭借陛下天威出兵，也不能保证胜券在握。”姚兴听了仍不以为然。

这年（408年）上半年，夏主赫连勃勃又在青石原大败后秦军队，俘获和斩杀5000余人。姚兴不能容忍赫连勃勃的一再挑衅，准备进行大规模反击。后秦在兵力有限的情况下，本应先全力对付主要敌人赫连勃勃。但姚兴在派兵时，却只派2万骑兵在左仆射齐难的率领下北上进攻大夏，竟另派3万步骑西行偷袭南凉。姚兴有侥幸心理，不信韦宗的看法，认为秃发傉檀容易对付。为了麻痹秃发傉檀，使其不设防备，姚兴派人给秃发傉檀送来书信一封，信中说：“今遣齐难进讨勃勃，恐其战败后向西逃逸，故令（姚）弼等在河西截击。”声称姚弼大军不是针对南凉的。秃发傉檀信以为真，毫不设防。①

上面所说的后秦西行大军的主帅姚弼，乃是姚兴之子，职衔为中军将军、广平公，副帅还有后军将军敛成和镇远将军乞伏乾归。姚弼大军出发之前，后秦上层仍有不同意见，对于出兵袭击南凉之举，除

① 《晋书》卷126《秃发傉檀载记》记载：“（姚兴）乃遣其将姚弼及敛成等率步骑三万来伐，又使其将姚显为弼等后继，遗傉檀书云：‘遣尚书左仆射齐难讨勃勃，惧其西逸，故令弼等于河西邀之。’傉檀以为然，遂不设备。”

韦宗持反对意见外，吏部尚书尹昭也曾劝谏过姚兴：“秃发傉檀自恃险远，故敢违慢朝廷，不如陛下下一道诏书，令沮渠蒙逊和李玄盛（暠），就近讨伐，使他们自相攻击，互相消耗，不必烦劳朝廷出兵就能坐收渔翁之利。”姚兴没有采纳。

这年六月，后秦年青将领姚弼率大军来到金城郡（今兰州市西），在这里渡过黄河，继续向西北进发。部将姜纪原是后凉吕氏部下，对河西情况熟悉，他向姚弼献策说：“目前王师西行，对外只称是进讨赫连勃勃，秃发傉檀正在犹豫间，守备尚不严密，请将军拨给在下轻骑五千，在下带人将姑臧城所有城门封堵严实，使城内城外隔绝，则城外山泽之民便都归我所有，姑臧孤城无援，可坐等自破。”

姚弼不予采纳，只是说:“本将军自有破敌之策。”

后秦军又行数日，来到凉州地界漠口（在今甘肃古浪县南），南凉昌松太守苏霸指挥城中守军严加防守,毫不懈怠。姚弼在城下对苏霸喊道:“王师来此，为何不快开城门迎降？”

苏霸全副武装，站在城上朗声答道：“我主遵从朝令，毫无过错于朝廷，你率大军无理来此，背弃信誓，妄讨无辜藩属，如天地有灵，决不助你。我宁为凉鬼，何降之有！”姚弼大怒，命全军四面急攻。

漠口城池不大，很快被后秦军攻陷，苏霸被俘，仍骂不绝口，姚弼下令将其推出辕门斩首。[①]

攻占漠口后，后秦军轻松进拔昌松。此后再未遇到抵御，长驱直入，来到姑臧。漠口之战后，秃发傉檀方才明白姚弼来者不善，姚兴来信是烟幕弹，为的是解除他的防备，好让姚弼偷袭成功，顺利收回河西。秃发傉檀为没有及时识破姚氏阴谋,援救昌松，致使苏霸殉难深感惋惜。他立即命令各级武将，调集城中兵力，对姑臧和番禾、武兴等郡县均严加防守。姚弼率军在姑臧城南、城东挑战，傉檀拒不出战。后秦军如若靠近城墙，城头上无数利箭立即像雨点般射下来。一连几天都是这样，姚弼无计可施。

正当后秦兵求战不得，士气松懈之机，秃发傉檀派敢死之士数千夜袭后秦军营，姚弼疏于防范，吃了败仗。后军将军敛成率部分军队奔至姑臧西边的胡坑一带驻扎，姚弼在姜纪的护卫下也向西逃奔，途中遇到姜纪旧日友人数十人，他们表示愿投奔姚弼，作为见面礼，已将姑臧城之西苑控制在手，欲迎请姚弼入屯西苑。姚弼当然求之不得，遂急匆匆入据西苑。

① 《晋书》卷126《秃发傉檀载记》所记原话是："弼众至漠口，昌松太守苏霸婴城固守，弼喻霸令降，霸曰：'汝违负盟誓，伐委顺之籓，天地有灵，将不祐汝！吾宁为凉鬼，何降之有！'城陷，斩霸。"

计败敛成

上面提到了姑臧城之一的“西苑”，这里有必要介绍一下整个姑臧城。当时的姑臧城非常宏大，总共由 5 座城构成，其中心老城是匈奴人所筑，筑于西汉初期，南北长 7 里，东西宽 3 里。前凉时，张氏陆续在旧城周围增筑 4 城，其中向东向西各扩 4 里筑成的东厢城、西厢城,各自比老城还大。东厢城又称“讲武城”，俗称“东苑”，西厢城又叫“西苑”；另有南城、北城，相对而言北城较大。五座城各自相对独立，又互相连接，共同构成周长约 40 里的大姑臧城。唐代边塞诗人岑参曾经亲自去过凉州，他看到的凉州城正是匈奴人所筑的老城——姑臧的中心城，唐代时期这座城中人口非常稠密，这一点从岑参的《凉州馆中与诸判官夜集》一诗中有“凉州七里十万家，胡人半解弹琵琶”之句可以得知。

姚弼率军进驻西苑后，傉檀派兵挑战，姚弼婴城自守。南凉兵与后秦兵仅一墙之隔，但城墙高大厚实，防范措施完善，却也无可奈何。

当时秃发傉檀还没有与后秦撕破脸皮，表面上仍有臣属关系，后秦派军进围姑臧，姑臧城中不仅西苑有愿降姚弼的势力，其他城中也同样有。一日，南凉哨兵捉到一个给姚弼送密信的人，押至傉檀帐前。傉檀一看密信上署名有王钟、宋钟、王娥等十数人，他们声称有5000余人愿为内应，要与姚弼里应外合，攻破姑臧全城。并约定了联络暗号。傉檀命人将这些人捕来，一一审问，王钟等在人证物证面前，对背叛南凉投降后秦的事实供认不讳。傉檀决定将为首的十数人斩首，其余赦免。

“大王且慢。”傉檀闻声一看，说话者是前军将军伊力延侯。便问：“卿有何话讲？”伊力延侯说：“当前强敌在外，奸贼暗生于内，内外结合，为祸没有比这更大的了。交战在即，军情急迫，不把这些内奸斩尽杀绝，何以惩戒效法者？臣请将愿为内应之人全部捕杀，不使一人漏网。”傉檀听从了他的建议，下令将预约为内应的5000余人全部杀掉，其家属中有年青妇女者，作为军赏。[①]

不几天，秃发傉檀接到侦探报告，后秦的后军将军敛成所部近日粮草紧缺，因番禾、武兴二郡南凉兵防守甚严，敛成部一边派人去昌松郡筹集，一边掳掠驻地百姓。傉檀想了想，已有计策在胸，他

① 《晋书》卷126《秃发傉檀载记》所记原话是：“弼至姑臧，屯于西苑。州人王钟、宋钟、王娥等密为内应，候人执其使送之。傉檀欲诛其元首，前军伊力延侯曰：‘今强敌在外，内有奸竖，兵交势蹙，祸难不轻，宜悉坑之以安内外。’傉檀从之，杀五千余人，以妇女为军赏。”

嘿嘿一笑，命令各郡县于明日下午将各家牛羊全部赶到野外指定区域，不留放牧者跟随。又令镇北将军秃发俱延、镇军将军敬归等10位将领分率精骑作好战斗准备，何人去东，何人去西，作了分派，并派一部分步兵扮作牧民，随牛羊周围巡游，或埋伏于附近可隐蔽之处。

次日上午，番禾、武兴、昌松、武威等郡各县原野，散布着无数牛羊，牛羊四周仅零零星星有几个人懒洋洋地照看着。敛成闻告，骑马观察了一番，没有看出什么破绽，便纵兵分散各地抢掠。后秦兵近2万人争先恐后抢掠牛羊，有的已捉到一只羊，有的正在驱赶，牛羊受惊吓后成群奔跑，后秦兵前堵后追，忙得不亦乐乎。正在这时，南凉骑兵像从天而降一般，来到后秦兵身边，后秦兵还未弄明白是怎么回事，就被砍死或杀伤。这些骑兵从不同的方向驰来，突然之间，就将后秦兵分割包围起来，原先随牛羊游弋的牧民模样的人也一个个拿出弓箭或刀矛，对准掳掠牛羊者猛射猛杀。村舍背后、田埂下、草丛中突然冒出不少南凉武士，也大声呼啸着向后秦兵冲杀过来。战斗持续了约四五个小时，后秦兵没抢到牛羊，反倒留下了不少尸体，纷纷逃命。天黑前，秃发傉檀亲自骑马巡察，下令鸣锣收兵。这一仗，南凉大获全胜，共斩敌兵7000余级。[1]

姚弼在西苑听到敛成损兵折将的消息，十分气恼。有部下建议出城报复，姚弼不许，只令固守。秃发傉檀乘刚打了胜仗、士气高昂之机，连日攻打西苑，但无奈对方防守严整，不出兵交战，只好作罢。

当时正值农历六月，天气燥热。傉檀决定切断西苑水源，让固守不战的姚弼之军耐不住干渴而降。于是派人在流入西苑的水流上游筑起高坝，聚积的水四散引至田地或荒野中。过了三天，姚弼等遭受水荒，口渴难耐。正急得无法可想，突然天降暴雨，城中军民接雨水解渴，入城河河水猛涨，南凉兵堵的高坝被冲垮，水流顺着原河道重又流入西苑，城中军民不再有水荒，又振作起来，姚弼守城如故。[2]

后秦退兵

东晋义熙四年（408年）秋七月，后秦主姚兴派卫大将军常山公姚显率骑兵2万，作为北线和西线两

① 《晋书》卷126《秃发傉檀载记》记载："（傉檀）命诸郡县悉驱牛羊于野，敛成纵兵掳掠。傉檀遣其镇北俱延、镇军敬归等十将率骑分击，大败之，斩首七千余级。"

② 《晋书》卷126《秃发傉檀载记》记载："姚弼固垒不出，傉檀攻之未克，乃断水上流，欲以持久毙之。会雨甚，堰坏，弼军乃振。"

路大军的后继，从长安向西北进发，相机策应。姚显到高平（今宁夏固原），听说姚弼被困西苑，形势危急，便督兵日夜兼程往姑臧方向赶。数日后，赶到姑臧，在城外驻扎。次日，姚显迫不及待派人在凉风门（南门）外向南凉挑战，上战场的孟钦等 5 人，是姚显军中最善射箭的武将，个个有百发百中的手段。秃发傉檀派出的是材官将军宋益等人，也身手不凡。双方将士全副武装，在震耳欲聋的战鼓声中出场。孟钦等人拈弓搭箭，正在瞄准，只见宋益一马当先，风驰电掣般冲上前来，挥刀即将孟钦劈下马来。

南凉其他几将随后冲上来，见宋益已经得手，个个信心倍增，与姚显派出的 4 名战将厮杀在一起，后秦武将因孟钦之死已有些惊慌，而南凉武士越战越勇。后秦的神射手来不及发挥绝技，一个个被斩首。傉檀在城上观战，见初战已经告捷，便下令鸣金收兵，紧闭城门，不再与姚显接战。

姚显本想来一个下马威，不料反遭败绩，锐气被挫，也无心攻城。便修书一封，命人射入城中。信中大意是说：车骑将军对朝廷一片忠心，并无犯顺举动。而后军将军敛成违背圣旨，不专意防堵赫连勃勃逃逸，为贪战功，妄开战端，实不应该。显受其蒙蔽，也与车骑将军误战，特致歉意。望车骑将军以大局为重，配合王师，加意防范赫连勃勃，对双方此前的误会不必介意云云。秃发傉檀也命人送去回信，说些客套话，表示歉意。于是双方约和罢兵。姚弼将姚显迎入西苑，休息数日，合兵一处，择日整队退回长安。秃发傉檀也派徐宿作为使者，随后赴长安向姚兴谢罪。①

后秦派到北线的齐难之军遭到的损失比河西更惨重。赫连勃勃避开来势汹汹的齐难，将大军撤至朔方东北的河曲，然后利用后秦军队纵兵野掠的机会，潜师杀回。齐难猝不及防，败退途中被夏兵活捉，全军覆灭。这一仗使后秦声威大降，岭北地区原附属于姚兴的部落和割据政权，纷纷转而依附赫连勃勃。

姚弼兵败河西后，虽然秃发傉檀没有像赫连勃勃给后秦造成大的后患，但南凉从此再也不畏惧后秦了。姚兴重新回味韦宗对秃发傉檀的看法，还真的佩服韦宗有见地，识人很准。

公元408年十一月，秃发傉檀聚众议事，群臣建言："五年前，大王去弘昌年号，不称凉王，屈身臣事姚兴。如今姚氏势力日衰，而大王远施宏略，近展

① 《晋书》卷126《秃发傉檀载记》所记原话是："姚显闻弼败，兼道赴之，军势甚盛。遣射将孟钦等五人挑战于凉风门，弦未及发，材官将军宋益等驰击斩之。显乃委罪敛成。遣使谢傉檀，引师而归。"

武功，疆域日拓，社稷益固。河西五郡已为我有，姑臧城固若金汤，东西之敌，何足惧哉！请大王复称凉王。”秃发傉檀听后颇觉有理，便择吉日恢复凉王称号，大赦境内，改元“嘉平”，置百官。立夫人折掘氏为王后，原世子虎台（唐人修《晋书》为避讳改为武台）改称太子，任录尚书事。原左长史赵晁、右长史郭倖分别为尚书左、右仆射，昌松侯秃发俱延为太尉。其余文武官员大多升迁一级，众人皆大欢喜。[①]

三、丢失姑臧，迁回乐都

穷泉遭败

公元408年秃发傉檀在河西称王建号，公然脱离后秦，不仅引起后秦的不满，而且引起沮渠蒙逊、李暠、乞伏炽磐的嫉妒，无形中成为众矢之的。南凉于两年前的十一月迁都姑臧，称王之日，恰是两年后的十一月。迁都刚两年，河西民情尚未完全顺附，

① 《晋书》卷126《秃发傉檀载记》所记原话是：“傉檀于是僭即凉王位，赦其境内，改年为嘉平，置百官。立夫人折掘氏为王后，世子武台为太子、录尚书事，左长史赵晁、右长史郭倖为尚书左、右仆射，镇北俱延为太尉，镇军敬归为司隶校尉，自余封署各有差。”

秃发傉檀率先称王，四面树敌，使自己以后的路越走越窄，日子越来越不好过。

南凉嘉平二年（东晋义熙五年，409年）正月，秃发傉檀封幼子（第六子）秃发明德归为南中郎将，兼任昌松郡太守。明德归自幼聪悟超常，傉檀十分宠爱。他13岁时，奉傉檀之命作《高昌殿赋》，援笔即成，计时官报告太阳影子还没有移动呢，他的赋已经写好。傉檀读了赋后，对其内容十分满意。满朝文武对明德归的才思敏捷赞不绝口，将他比作三国时能作七步诗的曹操幼子曹子建（植）。

这年七月，秃发明德归自昌松郡遣人报告父王傉檀："臣派人打探乞伏氏消息，今探得乞伏乾归于今年四月已经回到了枹罕（今甘肃临夏），留世子乞伏炽磐镇守，自己召集旧部达二万人，迁都到度坚山，再次称'秦王'，大赦境内，改元'更始'，置百官，这几年降为僚佐偏裨的原公卿将帅全部恢复了本位。"①

秃发明德归报告的西秦复国的信息对南凉而言并不是个好消息。秃发傉檀回顾了一下：九年前即公元400年西秦曾亡于后秦，但后秦保留了乞伏氏在陇西

① 《资治通鉴》卷115《晋纪》37"安帝义熙五年（409年）条"记载："夏，四月，乞伏乾归如枹罕，留世子乞伏炽磐镇之，收其众得二万，徙都度坚山。……秋，七月，乞伏乾归复即秦王位，大赦，改元更始，公卿以下皆复本位。"

的势力。姚兴这样做是为了借乞伏鲜卑的势力巩固其对陇西地区的统治。这几年，乞伏乾归、乞伏炽磐父子不断壮大实力，图谋复国。上年（408 年），后秦军事上连遭败绩，内忧外患接踵而来，为西秦的复国提供了机会。除了复国，乞伏炽磐还乘机于这年十月召集诸部 2.7 万余人,在嵻崀山(在今兰州市南 140 里处)筑城，以为抗击后秦的军事据点。十二月，炽磐又率兵至枹罕，攻击城中的彭奚念。彭奚念是枹罕羌人首领，早年曾率部降附乞伏乾归，被乾归任为河州刺史。十一年后，乾归降后秦，彭奚念随之成为后秦的河州刺史。公元 407 年冬十月，彭奚念叛后秦，降于南凉秃发傉檀，后秦便不承认彭奚念为河州刺史，另委任乞伏炽磐代理河州刺史。这次炽磐攻枹罕，正是以河州刺史的名义，企图逐走彭奚念夺取枹罕以作根本，不料却被彭奚念打败，又退至嵻崀城。今年（409 年）二月，乞伏炽磐至上邽（今甘肃天水）见后秦太原公姚懿，枹罕彭奚念乘虚攻嵻崀城。炽磐大怒，来不及告知姚懿就急忙返回，与彭奚念作战，打败羌兵，进一步包围枹罕。这时乞伏乾归恰跟随秦王姚兴来到平凉（今甘肃平凉），乞伏炽磐攻下枹罕后，即派人告知乞伏乾归。乾归得知消息后，开始找机会西逃。这时的姚兴被弟弟姚冲反叛和讨伐赫连勃勃遭败的事情弄得心烦意乱，无暇顾及枹罕之事，同时放松了对乞伏乾归的监视，被他找到机会，所以于四月逃至枹罕。乞伏乾归留世子炽磐镇守枹罕，他自己率2万人，徙至度坚山，三个月后复称秦王。西秦新都度坚山大约在今甘肃白银市一带。

秃发傉檀认为，西秦复国对于南凉向东南发展虽然不利，但近期自己也没有向东南拓展的打算，所以暂时可以与西秦保持互不侵犯的关系。从目前现实来看，南凉的劲敌仍是北凉。

这年（409年）冬十二月，北凉主沮渠蒙逊率骑2万东征，驻扎在丹岭（今甘肃山丹县境）。南凉所辖鲜卑某部首领思盘率部落3000户投降蒙逊。蒙逊得胜而归。秃发傉檀派左将军枯木、驸马都尉胡康率部攻伐沮渠蒙逊，蒙逊固守张掖城，想等南凉军粮草消耗完自行撤退。枯木等掠临松郡（在今甘肃民乐西）1000余户而还。蒙逊大怒，率骑5000回击南凉，到显美方亭（今甘肃永昌县东），击败车盖鲜卑部，又掠数千户而还。①

南凉嘉平三年（东晋义熙六年，410年）初，秃发傉檀派太尉秃发俱延率部攻伐沮渠蒙逊，蒙逊率

① 《晋书》卷129《沮渠蒙逊载记》所记原话是："蒙逊率骑二万东征，次于丹岭，北虏大人思盘率部落三千降之。"

部迎战，俱延大败而归。①

三月，秃发傉檀决定亲自率5万轻骑讨伐沮渠蒙逊。左仆射赵晁劝谏说："沮渠蒙逊十分狡诈，近几年来我与蒙逊交战，败多胜少。眼下他士气正盛，不可与之争锋，应从长计议，等有适当的机会再出兵不迟。"太史令景保也劝阻说："据臣夜观天象，太白星不出，岁星在西方，据此象，我方宜于防守，不利出征。这几年天文错乱，风雾不时，请大王修养德性，多自反省，唯有如此，才能保全安宁吉祥。"

傉檀说："沮渠蒙逊往年无状，擅自入我辖区，掠我边疆，残我禾稼。我蓄力待时，将报东门之耻。今大军已集，卿等却劝我息兵，难道想动摇我军心吗？"

景保说："陛下不嫌臣无能，让臣主察天象，若不将所见报告，即是臣的失职。天文显然，动必无利。"傉檀说："我以轻骑5万讨敌，蒙逊若以骑兵拒我，则寡不敌众；若步骑俱来，则行动快慢不一；他救右我击其左，他赴前则我攻其后，始终不与他混战厮杀，卿有什么害怕的！"景保说："天文不虚，违背行事，必将有变。"傉檀发怒，下令将景保锁在车中，随军

① 《晋书》卷126《秃发傉檀载记》记载："（傉檀）遣其左将军枯木、驸马都尉胡康伐沮渠蒙逊，掠临松人千余户而还。蒙逊大怒，率骑五千至于显美方亭，破车盖鲜卑而还。俱延又伐蒙逊，大败而归。"

出征，并说："我若打了胜仗就杀你庆功，如打了败仗封你为百户侯。"

这时的沮渠蒙逊已率步骑3万驻扎在西郡（在今甘肃山丹县东南）。即使秃发傉檀不出兵，蒙逊也要打进南凉来。偏偏傉檀性急，不等蒙逊攻进腹地，就要出兵决战。这一日，大风从西北刮起，越刮越大，形成沙尘暴天气，白昼昏暗，能见度低。沮渠蒙逊乘风势进到显美县境，掠数千户而还。风稍停，秃发傉檀指挥骑兵逆风追来，到穷泉地方（约在今甘肃永昌县西的水泉子一带），将北凉兵追上。这时天已黄昏，北凉兵刚歇息不久，营寨都已扎定，防护措施严密。南凉兵在距北凉兵10里处停下，也准备安营。沮渠蒙逊在牙帐中与诸将议事，商议如何对付南凉骑兵。蒙逊想让众将士简单吃些晚饭，然后立即掉头与秃发傉檀交战。诸将都说："贼已安营，贸然迎击怕难以取胜。"蒙逊说："傉檀肯定以为我远来疲惫，因而轻敌不设防备。我若乘其正在扎营寨，壁垒未成之际，突然进攻，必定能一鼓而胜。"说完，见众将没有提出异议，蒙逊当即下令"准备进击。"

北凉骑兵、步兵迅速列队，骑兵在前，步兵在后，悄悄向南凉扎营处逼来。这时天已全黑，南凉兵果然自恃人多，未设防备，虽有零星哨兵，但寨栅不严。

将士有的正在埋锅造饭，有的准备就寝。忽闻号炮声响，南凉兵慌忙中有的找兵器，有的找战马，你挤我，我碰你，乱作一团。北凉兵以迅雷不及掩耳之势，在一片呐喊声中冲杀过来。靠西边的南凉兵首当其冲，还没有来得及披挂上马，已被北凉兵打得七零八落，死的死，伤的伤，降的降。靠东边的南凉兵听见北凉兵劫营得手，急忙骑马东逃。秃发傉檀与诸将失散，单骑逃跑回到姑臧后，才与其他逃回的将士会面。蒙逊率兵乘胜追击，先头部队于次日下午赶到姑臧城下，将城的四门包围起来。城内各个民族的百姓投降沮渠蒙逊者达一万数千户。秃发傉檀很恐惧，派人出城请和，蒙逊许和，打道回府。①

南凉太史令景保因交战时被锁在车内，无法逃跑，所以被北凉兵生擒。兵士将他推到沮渠蒙逊帐中。蒙逊精通天文，指责景保道："先生明于天文，为何不向主上申明天象的含义，还要做违天象之事？你的才智哪里去了？"景保说："非臣无智，也非臣不申明，

① 《晋书》卷129《沮渠蒙逊载记》所记原话是："蒙逊率步骑三万伐秃发傉檀，次于西郡。大风从西北来，气有五色，俄而昼昏。至显美，徙数千户而还。傉檀追及蒙逊于穷泉，蒙逊将击之。诸将皆曰：'贼已安营，弗可犯也。'蒙逊曰：'傉檀谓吾远来疲弊，必轻而无备，及其垒壁未成，可以一鼓而灭。'进击，败之，乘胜至于姑臧，夷夏降者万数千户。傉檀惧，请和，许之而归。"

但言而不从，无可奈何而已。”蒙逊说：“昔汉高祖困于平城，以预先提过警告的娄敬为功臣；袁绍败于官渡，将曾献良策的田丰斩首。今日先生所为与娄、田相似，但贵主的气量尚未可知。先生如有把握得到娄敬般奖赏的话，我可以放你，但只怕你会落得田丰式的下场。”

景保说：“寡君虽才非汉祖，但又不是袁本初那种人。能否封侯不敢肯定，但杀身之祸绝不可能有。”蒙逊便将景保释放。景保回到姑臧城中，秃发傉檀见了，愧疚地拱手致歉道：“卿精通占卜，敢于直言，孤没有听从卿之诤言，致有大败，这是孤的大错呀。”随即兑现战前所许诺言，封景保为安亭侯。①

---

①《晋书》卷126《秃发傉檀载记》记载：“傉檀将亲率众伐蒙逊，赵晁及太史令景保谏曰：‘今太白未出，岁星在西，宜以自守，难以伐人。比年天文错乱，风雾不时，唯修德责躬可以宁吉。’傉檀曰：‘蒙逊往年无状，入我封畿，掠我边疆，残我禾稼。吾蓄力待时，将报东门之耻，今大军已集，卿欲沮众邪？’保曰：‘陛下不以臣不肖，使臣主察乾象，若见事不言，非为臣之体。天文显然，动必无利。’傉檀曰：‘吾以轻骑五万伐之，蒙逊若以骑兵距我，则众寡不敌；兼步而来，则舒疾不同；救右则击其左，赴前则攻其后，终不与之交兵接战，卿何惧乎？’保曰：‘天文不虚，必将有变。’傉檀怒，锁保而行，曰：‘有功当杀汝以徇，无功封汝百户侯。’既而蒙逊率众来距，战于穷泉，傉檀大败，单马奔还。景保为蒙逊所擒，让之曰：‘卿明于天文，为彼国所任，违天犯顺，智安在乎？’保曰：‘臣匪为无智，但言而不从。’蒙逊曰：‘昔汉祖困于平城，以娄敬为功；袁绍败于官渡，而田丰为戮。卿策同二子，贵主未可量也。卿必有娄敬之赏者，吾今放卿，但恐有田丰之祸耳。’保曰：‘寡君虽才非汉祖，犹不同本初，正可不得封侯，岂虑祸也。’蒙逊乃免之。至姑臧，傉檀谢之曰：‘卿，孤之蓍龟也，而不能从之，孤之深罪。’封保安亭侯。”

退出姑臧

南凉嘉平三年（东晋义熙六年，410 年）三月，北凉主沮渠蒙逊再次兵临城下，姑臧城中南凉百姓惶惶不安。一年多前，想叛乱的王钟等 5000 余人被秃发傉檀诛杀的情景使姑臧百姓心有余悸，众百姓害怕被指为内奸而遭屠杀，重演一年前的惨剧，故纷纷惊散逃命，汉族和羌、鲜卑、匈奴、屠各等族百姓投降沮渠蒙逊者达万余户。河西的折掘部、麦田部、车盖部等鲜卑部落也全部降于沮渠蒙逊。看来一年多前秃发傉檀大面积残忍杀戮是有问题的，首恶必惩、胁从不问才可能是正确的。王钟等 5000 余人被秃发傉檀诛杀的后遗症一年后才显现出来，这种后遗症以后还可能继续发酵释放。秃发傉檀见百姓离心，十分恐惧，便派司吏校尉敬归及其子敬佗为人质，向沮渠蒙逊求和。沮渠蒙逊虽然同意讲和，但提出要迁徙一些人口，于是临行前迁徙姑臧及邻近民户 8000 余户才西还。敬归随北凉军西行，行到胡坑地方，趁蒙逊不备，逃回了姑臧。可是其子敬佗就没有其父那么幸运，他在逃归途中被北凉骑兵追上，捉了回去。①

穷泉之败和姑臧媾和使南凉受到很大损失，从此，南凉对外威风扫地，其内部的不稳定因素也不断增长。镇守石驴山（约在今青海门源县境）的南凉右卫将军折掘奇镇，听到秃发傉檀在河西连吃败仗，河西折掘部尽降北凉，自己也对傉檀失去信心，竟宣布与秃发傉檀脱离从属关系，率所部驻军占据石驴山，公然背叛南凉，成为独自割据称雄的地方势力。

秃发傉檀得到折掘奇镇据石驴山以叛的消息，坐卧不安。他担心沮渠蒙逊旦夕来攻姑臧，同时害怕折掘奇镇攻取岭南五郡，占据湟水、大通河流域，如果那样，他有可能连老本都全部输光，落得个无家可归的下场。经反复权衡，又与众臣密议，最后决定还是迁回乐都较为稳妥，这样起码可以守住老本，不至于一旦兵败连立足之地都没有了。同时决定派镇军将军（原司吏校尉）敬归率步骑5000讨伐折掘奇镇，使折掘奇镇没有精力和时间攻占西平、乐都等郡，从而为迁都赢得时间。

迁都之事确定下来后，由左右仆射赵晁、郭倖

① 《晋书》卷126《秃发傉檀载记》记载："蒙逊进图姑臧，百姓惩东苑之戮，悉皆惊散。折掘、麦田、车盖诸部尽降于蒙逊。傉檀遣使请和，蒙逊许之，乃遣司隶校尉敬归及子佗为质，归至胡坑，逃还，佗为追兵所执。蒙逊徙其众八千余户而归。"

负责民户迁徙、财物保管、车仗辎重保障等事宜，太尉秃发俱延负责兵力调配、安全保卫、前后策应等事宜。先遣人员次日出发，做好军民沿途休息接待等准备工作，其余军民排出先后启程次序，按部就班进行。南凉军队主力随王室南下，只留少量军队驻守姑臧城，留守事宜交由大司农成公绪全权负责。

凉王秃发傉檀等到部分迁徙的百姓以及王室后官、库府财宝、辎重等按次序安全出城之后，作为最后一批离城者离开姑臧。临动身前，他又在随从陪同下，到各个宫殿看了看。屈指算来，从乐都迁都至姑臧已跨了 4 个年头，但实算起来还不足 3 年半。当初他大宴群臣于宣德堂（原名谦光殿），仰视华丽的殿堂，发出“作者不居，居者不作”的感叹，武威人孟祎告诫“惟履信思顺者可以久处”的话，这时又回响在耳畔。入据姑臧城，做宣德堂的主人，是秃发氏几代人的企盼，是乌孤、利鹿孤二位兄长的理想，它在自己手上终于成了现实，大致可告慰先烈。可是好景不长，居姑臧以来，自己不听众臣劝阻，不断与四邻交兵，急于求成，谁知上天不助，差不多遇战即败，如今又不得不离开宣德堂，迁出姑臧城。秃发傉檀感慨万千，不觉眼圈湿润。

秃发傉檀出姑臧城不到一个时辰，姑臧城内就出了事。魏安人焦谌、王侯等闭门作乱，收合3000余户，占据南城，推举广武豪族焦朗为大都督、龙骧大将军，焦谌自称凉州刺史，号令姑臧百姓，投降了沮渠蒙逊。[①]南凉留守的成公绪固守旧城，因兵少将弱，控制不了局面，被迫与焦朗约和。

四月，镇军将军敬归所率南凉军队与南凉叛军折掘奇镇部交战于石驴山。其实，敬归来到石驴山已十数日，折掘奇镇一开始深沟高垒，不与敬归交战，等敬归部下粮草不敷，士兵产生厌战情绪时，折掘奇镇却发动突然袭击，将敬归所部打败。敬归战死，余者归降折掘奇镇。

乐都遭围

南凉嘉平四年（东晋义熙七年，411年）正月，据守姑臧城的焦朗接到探马报告，北凉主沮渠蒙逊已调集步骑3万，即将起程，前来攻打姑臧。焦朗便召集所部众将领商议对策。部将们有的主战,有的主降，意见纷纭。

① 《晋书》卷126《秃发傉檀载记》记载：“傉檀始出城，焦谌、王侯等闭门作难，收合三千余家，保据南城。谌推焦朗为大都督、龙骧大将军，谌为凉州刺史，降于蒙逊。”

焦朗原是秃发傉檀麾下的将领，从他曾规劝傉檀不要轻视赫连勃勃，献出与其追击不如截守的计策来看，也还是颇有点能耐的。但眼下姑臧城内归他指挥、能投入作战的人还不足万人，虽然姑臧城坚固，但要抵抗兵强将广、实力雄厚的北凉，还是非常困难的。再则，沮渠蒙逊博览群史，颇晓天文，权诈多谋，善于用兵，焦朗远不是他的对手。尽管如此，焦朗仍决定言战不言降，要竭尽全力，保全姑臧。只要坚守一月，或许秃发傉檀派兵来救，事情还有转圜的余地。这时，秃发傉檀留下的成公绪等原南凉将士也都听从焦朗指挥，全力守城。

沮渠蒙逊所率大军赶到后，立即发动攻势。姑臧城中大都督、大将军焦朗率军民坚守，但凉州刺史焦谌愿降，他暗中与蒙逊取得联系，与北凉兵里应外合，结果将姑臧城攻下，焦朗被活捉。蒙逊欣赏焦朗的为人，没有杀他。北凉军入城后，一面安抚百姓，一面庆贺胜利。蒙逊在谦光殿（即宣德堂）设宴招待文武大臣，论功行赏。拜敦煌人张穆为中书侍郎，委以机密之任。以弟沮渠挐为护羌校尉、秦州刺史，封安平侯，镇守姑臧。十来天后挐死，又以从祖沮渠益子为镇京将军、护羌校尉、秦州刺史，镇守姑臧。不久，沮渠蒙逊迁都至姑臧，于东晋义熙八年（412

年）自称“河西王”，大赦境内，改元“玄始”。模仿吕光自称三河王的官僚体系设置百官，并且将宫殿、各个城门等修缮一新。①

安排好姑臧守将后，沮渠蒙逊乘攻占姑臧之军威，想一鼓作气灭掉南凉，于是率大军越过祁连山，进入今青海东部，讨伐南凉，进围乐都城。

秃发傉檀一边严守城池，一边派安北将军段苟、左将军云连乘虚进击河西。段苟、云连率军来到番禾（在今甘肃永昌），徙3000余户返回西平（郡治今青海西宁）。蒙逊没有料到乐都城如此坚固，比姑臧城还难打，从正月下旬围乐都到二月下旬，整整攻了30天，城仍未攻克。于是蒙逊遣使对秃发傉檀说：“只要你送出宠子作人质，我便撤军。”傉檀对北凉使者说：“回去告诉你家主子，撤不撤军随你们的便，蒙逊违盟无信，我哪有什么人质可送？”蒙逊听后大怒，一不做，二不休，索性派军士在乐都城附近修筑房舍，找来农具耕畜，准备种庄稼，以为长久围攻乐都之计。

① 《晋书》卷129《沮渠蒙逊载记》所记原话是：“及傉檀南奔乐都，魏安人焦朗据姑臧自立，蒙逊率步骑三万攻朗，克而宥之。飨文武将士于谦光殿，班赐金马有差。以敦煌张穆博通经史，才藻清赡，擢拜中书侍郎，委以机密之任。以其弟挐为护羌校尉、秦州刺史，封安平侯，镇姑臧。旬余而挐死，又以从祖益子为镇京将军、护羌校尉、秦州刺史，镇姑臧。俄而蒙逊迁于姑臧，以义熙八年僭即河西王位，大赦境内，改元玄始。置官僚，如吕光为三河王故事。缮宫殿，起城门诸观。”

南凉兵士在城墙上看得真切，将消息报告秃发傉檀，傉檀仍不想送人质出去。后在群臣苦苦的请求下，才将第三子秃发安周送去作为人质，蒙逊这才收兵返回张掖。[①]

北掠被劫

南凉嘉平四年（东晋义熙七年，411 年）二月下旬，沮渠蒙逊所率攻打南凉的北凉兵刚撤走，探马就向秃发傉檀报告说："吐谷浑首领树洛干率军来伐。"这吐谷浑是何许人呢？原来吐谷浑和南凉一样，也是鲜卑人建的一个小王国。吐谷浑本是人名，他原是辽东鲜卑慕容部首领慕容涉归的庶长子，由于部落壮大与草原狭小的矛盾，与弟慕容廆发生口角，约于公元 283—289 年间负气率部西迁，于西晋永嘉末年（313 年左右）西渡洮河，留居到今甘青交界地区（大夏河流域一带）。至其孙叶延时，在今甘川青交界一带建立起以鲜卑贵族为核心、联合羌人豪酋共

① 《晋书》卷 126《秃发傉檀载记》记载："蒙逊因克姑臧之威来伐，傉檀遣其安北段苟、左将军云连乘虚出番禾以袭其后，徙三千余家于西平。蒙逊围乐都，三旬不克，遣使谓傉檀曰：'若以宠子为质，我当还师。'傉檀曰：'去否任卿兵势。卿违盟无信，何质以供！'蒙逊怒，筑室返耕，为持久之计。群臣固请，乃以子安周为质。蒙逊引归。"

同执政的地方政权，并以“吐谷浑”作为族名和国号。吐谷浑第六代孙（第七任主）乌纥堤（一名大孩）在位时，曾被乞伏乾归击败，逃到南凉避难，后死于胡园（约在今甘肃武威南）。乌纥堤死后，于公元405年继位的是乌纥堤侄子少年英武的树洛干。树洛干在位时，吐谷浑的势力已进入莫何川（在今青海贵南县境）。树洛干推行轻徭薄赋、赏罚分明的政策，使其国势趋于兴盛，周围各部族纷纷前来归附。

这时树洛干乘南凉丢失姑臧，又遭北凉围攻之机，率部前来征讨。秃发傉檀得知树洛干的军队已到达浇河郡（治今青海贵德）地界，便速派太子秃发虎台率骑前往援救。虎台急匆匆赶到浇河，不小心中了树洛干的埋伏，损兵折将，大败而归。从此，南凉的浇河郡成为吐谷浑的辖地。①

顺便交代一下，上面提到的浇河郡的治所位于今青海省海南藏族自治州贵德县河西乡先锋三村四社东北，当地人称为“黑古城”。古城分内、外两座城，

① 《晋书》卷126《秃发傉檀载记》记载：“吐谷浑树洛干率众来伐，傉檀遣其太子武台距之，为洛干所败。”关于浇河郡由本来属于南凉变为属于吐谷浑这一点，从《晋书》卷125《乞伏炽磐载记》所记2年后发生的事可以得知。《乞伏炽磐载记》记载：“义熙九年，（炽磐）遣其龙骧乞伏智达、平东王松寿讨吐谷浑树洛干于浇河，大破之，获其将呼那乌提，虏三千余户而还。”

外城现今仅存部分墙体残迹，系夯土筑成，面积不详；内城平面呈正方形，边长140米，城墙夯土筑，高9米，基宽8米，夯土层厚约0.12米，夯层内夹有圆木门向西开，门外有瓮城门。城墙四角有敌楼土墙，高约5米。采集有铁犁、板瓦、石杵、铜饰件等。①青海省考古学界推测此古城为后凉吕光所置浇河郡的治所，浇河郡后曾为南凉、吐谷浑所用。北魏时在此改设浇河戍，北周置廓州，隋改为浇河郡，唐、宋时为积石军驻地。

面对接连丢失国土的被动局面，秃发傉檀难免有点急躁，为了扭转被动挨打的局面，他决定主动出击，挽回败局。决定先向北出兵征讨北凉沮渠蒙逊。其大臣邯川护军孟恺谏阻说："蒙逊刚刚吞并姑臧，凶势正盛，我国应固守本土，等待时机，不可妄动。"傉檀说："眼下我国土日削，国势日衰，再不主动出击，何以挽回国威，收回失土？我意已决，众卿勿再劝阻。"于是率万余骑兵，分作五队，五路并进，来到番禾、苕藋（番禾郡辖县，约在今甘肃永昌县西），掠5000余户百姓而还。

当时南凉兵抢掠的人户、牛羊等物比较多，返

① 格桑本主编：《中国文物地图集·青海分册》，北京：中国地图出版社，1996年，第160页。

回时行进速度不快。有个叫屈右的将军对秃发傉檀建议说："陛下转战千里，如今既已获利，应当加快行军速度凯旋。前面有地形十分狭窄而险要的一段路，我军的队形施展不开，没有办法前后护卫，所徙民户和所掠资财充溢道路，如不加快速度，尽早跨过险要地段，恐有出乎我们意料的危险。沮渠蒙逊善于用兵，北凉兵又久经征战，一旦轻骑猝至，大敌外逼，徙户内叛，将如之奈何？"

卫尉伊力延却说："陛下放心，我军声势正盛，将士勇气倍增，即使蒙逊来袭，他们以步兵为主，我军以骑兵为主，怎能追得上？如果加快速度回军，势必丢弃部分资财，这样做是示人以弱，将军屈右的建议不能采纳。"秃发傉檀听从了伊力延的话。屈右从秃发傉檀帐中出来对其诸弟说："我的建议不被采纳，这大概是天命吧。前面不远就是我兄弟的死地了。"

南凉军队舍不得扔掉掠来的坛坛罐罐及牛羊资财，行进速度依然十分缓慢，一日只能前进五六十里。连行几天，还没有越过祁连山。一日，正行走中，忽然风起云涌，天上飘起细雨，大雾弥漫，七八步以外，什么也看不清。恰在这时，沮渠蒙逊所率大军赶到，将南凉军前进的路堵住，后面的退路也封掉，众军士大声呐喊"活捉傉檀！"南凉将士个个胆战心惊，无心恋战，扔下所掠资财，自顾逃命。被南凉军掳掠的人户，手拉手口喊“救命！”有的乘机往北凉的方向逃跑。昏雾风雨加上山路崎岖，南凉军士有劲使不上，有的被杀，有的负伤，有的降敌，有的被俘，只有少部分逃回乐都。

沮渠蒙逊袭击取胜，夺回被南凉军掠去的人户资财，又杀伤、俘虏了不少南凉兵，按说应当凯旋北归为是，但他只是派少量军队护送百姓和资财北归，精锐大军在他的率领下继续尾追秃发傉檀南下，一直追到乐都城下。秃发傉檀率残兵败将逃进城后，将城门紧闭，婴城自守。蒙逊所率北凉军队气势汹汹，再次围攻乐都城。傉檀无奈，又以第四子秃发染干为人质送到北凉军营请和，蒙逊才撤兵北归。[①]

前面提到的北凉追击南凉抢去其掠夺所得物资的地方正是著名的扁都沟，它位于今青海省海北藏

① 《资治通鉴》卷116《晋纪》38“安帝义熙七年（411年）条”记载：“南凉秃发傉檀欲伐蒙逊，邯川护军孟恺谏曰：‘蒙逊新并姑臧，凶势甚盛，不可攻也。’傉檀不从。五道俱进，至番禾、苕藋，掠五千余户而还。将军屈右曰：‘今既获利，宜倍道旋师，早度峻厄。蒙逊善用兵，若轻军卒至，大敌外逼，徙户内叛，此危道也。’卫尉伊力延曰：‘彼步我骑，势不相及，今倍道而归则示弱，且捐弃资财，非计也。’俄而昏雾风雨，蒙逊军大至，傉檀败走。蒙逊进围乐都，傉檀婴城固守，以子染干为质以请和，蒙逊乃还。”《晋书》卷126《秃发乌孤载记》的记载与《资治通鉴》相比，大同小异而稍微详细一些。

族自治州祁连县峨博乡峨博村西北与甘肃省民乐县相接的地方。据《中国文物地图集·青海分册》记载："（扁都沟）古道沿山脚自然延伸，时而在沟东岸，时而在沟西岸，并经常沿河滩发展。踏出的路面宽约 2 米，痕迹明显，部分地段与民国时期的简易公路、现在的国道 227 线重合。古道沿线有城址、烽火台等遗迹。从峨博村始，至扁都沟北端出口处，全长约 35 公里。"[①] 扁都沟古称"大斗拔谷"，这里海拔 3000 米，谷长约 30 公里，宽不足 1 公里，山高坡陡，地形险要，自古以来就是河西走廊南部的重要门户。扁都沟古道是湟水流域通往河西走廊的必经之地，汉至清代一直沿用，是丝绸之路青海道使用频率最高的古道之一。据史书记载，隋大业五年（公元 609 年），炀帝西巡，在去张掖和返回长安的途中，都经由了大斗拔谷。返途中炀帝及其大臣们在此谷遇到了意想不到的灾难。《资治通鉴》记载说："车驾东还，行经大斗拔谷，山路隘险，鱼贯而出，风雪晦冥，文武饥馁沾湿，夜久不逮前营，士卒冻死者大半、马驴什八九，后宫妃、主或狼狈相失，与军士杂宿山间。"北凉追击南凉作战的时候，这里虽不是"风雪晦冥"，

① 格桑本主编：《中国文物地图集·青海分册》，北京：中国地图出版社，1996 年，第 126 页。

却也是“昏雾风雨”，气候情形十分相似。由于地形狭窄，南凉的大队人马也只能“鱼贯而出”。这次南凉兵败，主要原因是麻痹大意，此外，这种地形和气候因素，也是造成兵败的重要外部条件。

沮渠蒙逊撤兵北归后，南凉安稳了几日。一日，南凉邯川护军孟恺上表给秃发傉檀，弹劾镇南将军、湟河太守秃发文支，最近以来花天酒地，不听部下劝谏，不恤政事，请求给予处理。秃发文支是秃发傉檀的亲弟弟。傉檀对心腹大臣伊力延说：“目今州土倾覆，吾秃发氏所倚仗的唯文支弟而已，现在他成了这个样子，被邯川护军弹劾，孤应该怎样处理？”伊力延回答：“臣以为应该把他召来当面训斥，使他改过自新就是了。”傉檀于是召来文支，好言劝诫道：“二位兄长英姿早逝，孤以不才即位，不能负荷大业，致使国势日颓，孤没有脸面面对世人，吾之国虽存若陨。如同卫国依仗子鲜存续，吴国依仗文种复兴那样，你是吾南凉的希望所在。今匡扶大业，救危安邦，孤指望的正是兄弟你呀。听说你近来唯酒是耽，荒废庶事，孤十分忧心。孤年已老，卿再这样，祖宗之业将寄托于何人呀！”秃发傉檀语重心长的批评劝解，使文支羞愧不已，当即顿首道歉，表示要改过，不负兄长厚望。[1] 秃发文支虽然话说得好听，可是言不由衷，半年后竟然背叛南凉，投降了北凉。

疆土日削

与南凉国势日益衰弱相反，西秦自复国后却一年比一年兴盛。公元410年，乞伏乾归自度坚城迁都苑川（今甘肃榆中县）后，先后攻取后秦的略阳、南安、陇西诸郡，徙其民户2.5万，分别安置于苑川、枹罕一带。公元411年正月，乞伏乾归遣使送还去年所掠略阳等郡的长官，并向后秦谢罪，以换取后秦的妥协。后秦主姚兴因暂时不能抽出兵力西讨，恐西秦成为西部边害，便派人封乞伏乾归为使持节、散骑常侍、都督陇西岭北匈奴杂胡诸军事、征西大将军、河州牧、大单于、河南王。乞伏乾归正图谋逞雄河右地区，作

① 《晋书》卷126《秃发傉檀载记》所记原话是："邯川护军孟恺表镇南、湟河太守文支荒酒愎谏，不恤政事。傉檀谓伊力延曰：'今州土倾覆，所杖者文支而已，将若之何？'延曰：'宜召而训之，使改往修来。'傉檀乃召文支，既到，让之曰：'二兄英姿早世，吾以不才嗣统，不能负荷大业，颠狈如是，胡颜视世，虽存若陨。庶凭子鲜存卫，藉文种复吴，卿之谓也。闻卿唯酒是耽，荒废庶事。吾年已老，卿复若斯，祖宗之业将谁寄也。'文支顿首陈谢。"

为权宜之计，接受了后秦的册封，向姚兴称藩。[1]其子乞伏炽磐被后秦封为左贤王、平昌公。

俗话说，墙倒众人推。南凉这一二年不仅丢失姑臧，而且乐都还被蒙逊围攻三旬，黄河南的浇河郡被吐谷浑占据。国内局势不稳，人心涣散，就像快要倾倒的一面墙一样。势力日益壮大的西秦怕南凉被北凉和吐谷浑分割完，自己也想出手瓜分一点。于是出兵讨伐南凉。

这年（411 年）八月，河南王乞伏乾归派其世子平昌公乞伏炽磐和次子中军将军乞伏审虔率骑兵 1 万，在金城（今兰州西）渡过黄河，向西北方向南凉国土进军。秃发傉檀得报，派太子秃发虎台率军迎战。双方战于岭南（约在今甘肃永登县境），虎台兵败，西秦掠牛马十余万而还。[2]

第二年（412 年）二月，西秦迁都谭郊（在今甘

① 《晋书》卷 125《乞伏乾归载记》记载："乾归复都苑川，又攻克兴略阳、南安、陇西诸郡，徙二万五千户于苑川、枹罕。姚兴力未能西讨，恐更为边害，遣使署乾归使持节、散骑常侍、都督陇西岭北匈奴杂胡诸军事、征西大将军、河州牧、大单于、河南王。乾归方图河右，权宜受之，遂称藩于兴。"

② 《资治通鉴》卷 116《晋纪》38"安帝义熙七年（411）条"记载："河南王乾归遣平昌公炽磐及中军将军审虔伐南凉。审虔，乾归之子也。八月，炽磐兵济河，南凉王傉檀遣太子虎台逆战于岭南，南凉兵败，虏牛马十余万而还。"

肃临夏西北），这里距南凉国更近。为了使国都更有安全感，西秦就有侵吞南凉与之毗连疆土的欲望。谭郊西北，过黄河便是南凉三河郡之地。五月，乞伏炽磐率军从临津渡（今甘肃积石山县大河家）渡黄河，攻南凉白土县城。

三河郡太守吴阴率白土军民婴城自守，并派人速向秃发傉檀告急求援。西秦军队人多势盛，攻势凶猛，傉檀所派救兵还未赶到，白土城已被攻破。城破后吴阴被俘，乞伏炽磐以乞伏出累出任三河郡太守，留步骑数千镇守白土城。秃发傉檀派出的军队不敢与西秦交战，遂返回。从此，南凉的三河郡又成为西秦辖地。①

南凉白土县城同时是其三河郡的首府，其治所很可能是现在海东市民和回族土族自治县的鲍家古城。鲍家古城位于官亭镇鲍家村北，处在黄河北岸第二台地上，南距黄河约 250 米。2015 年，笔者曾亲临考察，古城依山势而建，北面依山，南临绝壁，北高南低，东西均为洪沟，呈不规则形状。城分为两部分，南面的略大，长约 540 米，宽 95—119 米；

① 《资治通鉴》卷 116《晋纪》38“安帝义熙八年（412）条”记载：“二月，河南王乾归徙都谭郊，命平昌公炽磐镇苑川。……五月，乞伏炽磐攻南凉三河太守吴阴于白土，克之，以乞伏出累代之。”

北部的略小，呈一规则的长方形，南北长70米，东西宽40米。城残高一般在1—5米间，最高处达13米。城西部宽1—3米。夯土筑，夯土层厚6—7厘米。城北墙外有一道护墙，与北墙平行，长度也相当。城东南、西南两角有两座城门。城内暴露有牛、羊等兽骨和少量泥质灰陶片。据《水经注》记载，魏晋时期的白土城位于"缘河济渡之处"。官亭一带的黄河渡口是赵木渡，白土城应设于赵木渡附近。官亭鲍家古城的位置与白土城恰好相符，很可能就是南凉白土县城。

白土城以西数百里黄河北岸有个军事要塞叫邯川（在今青海化隆县甘都堂），这里也是黄河渡口，南凉在这里设有驻军，军政长官是邯川护军，由孟恺担任。乞伏炽磐攻取白土城后，西秦的势力开始向邯川渗透。西秦人通过亲戚、故旧等关系在邯川做策反工作。孟恺部下有个叫卫章的军官,与西秦通谋以后,图谋刺杀孟恺，南迎乞伏炽磐。卫章已串通了40余人,当他劝同僚郭越同反时,郭越说:"孟君为人忠厚,有恩惠于属下，何罪而杀之！我宁违众而死，不负孟君而生。"于是将卫章等人的阴谋密告孟恺。

孟恺得知卫章等人有叛国作乱之心后，佯装不知，还像往常一样待他们。一日，孟恺以为老母祝寿为名，大宴宾客。卫章、郭越等40余人均在被邀请之列。孟恺预先安排心腹之人身藏兵器，让身份地位与卫章等差不多的同赴酒宴，地位较低者在宴厅周围帐中埋伏。卫章等虽心怀鬼胎，但对孟恺请客之举没有起疑，毫无防备，便像无事人一样前往赴宴。酒过数巡，孟恺将手中酒杯猛然掷地，抽出兵器，大喊："将阴谋作乱者拿下！"卫章还想反抗，早被左右拿刀逼住，捆缚起来。其余参与谋逆者，有想反抗的被当场砍死，有的束手就擒。孟恺当众宣布卫章等40余人的罪状，卫章跪地连喊"饶命！"，孟恺下令推出斩首，所有谋逆者无一漏网，全部被杀。

除掉卫章等内奸后，孟恺担心乞伏炽磐前来报复。这时西秦主乞伏乾归已被其侄子乞伏公府刺杀身亡，乾归子炽磐自称大将军、河南王，改元"永康"，迁都枹罕（今甘肃临夏）。西秦虽遭丧乱，但对国势毫无影响，乞伏炽磐对外扩张的势头仍然很强劲。孟恺立即派人驰告镇南将军、湟河郡太守秃发文支。文支驻地在今海东市化隆回族自治县群科一带，从邯川骑马当天即可往返。文支得知邯川变故始末后，速派将军匹珍率部随使者前往救援。这时，乞伏炽磐派出的西秦军队已经提前赶到邯川，正在城外准备进攻孟恺之时，探马报告文支所派南凉援军在匹珍将军率领下即将赶到。西秦军怕被前后夹攻，只好撤兵南返。[①]

南凉嘉平六年（东晋义熙九年，413 年）四月，凉王秃发傉檀召集群臣议事，说明欲伐北凉之意。北凉主沮渠蒙逊于去年十月迁都姑臧，自称河西王，大赦境内，改元“玄始”，置百官，陆续缮修宫殿，建城门诸观。如同当年的三河王吕光、凉王秃发傉檀故事。近期又立子沮渠政德为世子，加镇卫大将军、录尚书事。得知这些信息，秃发傉檀心中不是个滋味。加之今年正月，沮渠蒙逊亲自率军队侵入南凉西平郡，迁徙人户、掠牛马而还。此仇不报，心中难平。对于出师北伐，文武群臣中本来有不同意见，但人人都知道，这几年，凉王刚愎自用，争胜好战，别人劝谏也没有用，还不如不劝，故没有人提出反对意见。

秃发傉檀率领万余名步骑择日出发，讨伐河西王沮渠蒙逊。南凉、北凉军队在姑臧以西交战，南凉先败于若厚坞，后又败于若凉。具体作战过程不详，沮渠蒙逊乘胜南伐，再一次进围乐都。

---

① 《晋书》卷 126《秃发傉檀载记》记载 :“邯川人卫章等谋杀孟恺，南启乞伏炽磐。郭越止之曰 :‘孟尹宽以惠下，何罪而杀之！吾宁违众而死，不负君以生。’乃密告之恺，诱章等饮酒，杀四十余人。恺惧炽磐军之至，驰告文支，文支遣将军匹珍赴之。炽磐军到城，闻珍将至，引归。”

北凉军围攻乐都20天，仍未攻下，蒙逊便引兵北还。秃发傉檀正为北凉撤兵、乐都解围而略觉宽慰之时，却听到一个令他非常痛心的消息：南凉镇南将军、湟河太守秃发文支竟背叛自己，投降了沮渠蒙逊！半年前，傉檀收到邯川护军孟恺弹劾文支不恤政事、刚愎自用的奏章，傉檀对秃发文支进行了语重心长的批评，文支当即表示要改过，可如今，他不但没有悔过，反而彻底背叛傉檀，在这国势日颓、疆土日削的关键时刻投降南凉的仇敌北凉，怎能不叫傉檀痛心！

随秃发文支以湟河郡降沮渠蒙逊的还有南凉护军将军成宜侯及其所统军士。文支徙5000余户于姑臧，沮渠蒙逊拜文支为镇东大将军、广武太守、振武侯，以成宜侯为振威将军、湟川太守。同时，蒙逊派其殿中将军王建为湟河郡太守。湟河郡东面与三河郡相邻，南面隔黄河与浇河郡（此时属吐谷浑）相邻。辖区约当今青海化隆回族自治县及其以西地区。从此，南凉湟河郡成了北凉的辖区。这时，南凉疆土只剩乐都、西平、广武、晋兴4郡之地了。

南凉湟河郡存在时间不长，学术界对其治所地望的研究很少。我认为南凉湟河郡的治所很可能是位于海东市化隆县群科镇内的一座古城。这座古城清代称金刚城，至今遗址尚存。该城南距黄河约 500 米，城南北长 345 米，东西宽 288 米，夯土版筑，夯土层厚 0.12—0.14 米。古城已遭到严重破坏，城内布局不详，散布有唐代遗物。该古城很可能是南凉湟河郡的治所，后来被西魏、隋用作化隆县治所，唐用作化城县、广威县以及廓州治所，宋代的廓州城也应该在这里。

南凉亡国及秃发氏余绪

一、人亡政息

乐都失守

南凉嘉平六年（413 年）四月，北凉主河西王沮渠蒙逊乘南凉湟河太守秃发文支投降北凉，南凉势力削弱之机，再次兴兵南下进攻南凉。出兵之前，发出讨傉檀公告道：

“古先哲帝王应期拨乱者，无不安定八方然后光泽普降，使国风纯正。孤虽然智慧不高，非平乱之干才，但安民济时，职责攸关。狡虏秃发傉檀盘踞湟中，危害诸族百姓。姑臧东苑城的杀戮，甚过秦国的长平坑卒；给边城带来的祸患，超过古代部落猃狁。每念苍生之无辜，孤顾不上安逸之居，不惧披甲征战，不顾远征体倦。虽三次攻其巢穴，然而傉檀犹未授首。傉檀弟文支追慕项伯归汉之义，以其湟河郡重藩，献诚于我北凉。自西平以南诸郡，接连归顺于我。只有傉檀穷兽，死守乐都之城。四肢既落，命岂久全！我各路大军已会齐，廓清山南指日可待。讨灭傉檀之日，即可散马金山，百姓将永享太平。今露布远近，咸使闻知。”①

于是，北凉大军第四次围攻乐都，凉王秃发傉檀十分惊恐，以太尉秃发俱延为质，蒙逊才撤兵北归。②

再说生活在环青海湖地区的鲜卑乙弗部、契翰部等的事。《北史》记载：“吐谷浑北有乙弗勿敌国，国有屈海，周迴千余里，众有万落。”“屈海”就是今青海湖。乙弗勿敌国是古代部落国名，跟秃发部一样，也是由东北迁徙到今甘青地区的鲜卑一支。由于受到秃发乌孤的攻击，西徙于今青海湖滨，史称“卑禾虏”，又因其首领称为“乌地延”，汉语译为“勿敌”，故《北

① 《晋书》卷129《沮渠蒙逊载记》所记原话是：“蒙逊下书曰：‘古先哲王应期拨乱者，莫不经略八表，然后光阐纯风。孤虽智非靖难，职在济时，而狡虏傉檀鸱峙旧京，毒加夷夏。东苑之戮，酷甚长平，边城之祸，害深猃狁。每念苍生之无辜，是以不遑启处，身疲甲胄，体倦风尘。虽倾其巢穴，傉檀犹未授首。傉檀弟文支追项伯归汉之义，据彼重藩，请为臣妾。自西平已南，连城继顺。惟傉檀穷兽，守死乐都。四支既落，命岂久全！五纬之会已应，清一之期无赊，方散马金山，黎元永逸。可露布远近，咸使闻知。’”

② 《晋书》卷126《秃发傉檀载记》记载：“蒙逊又来伐，傉檀以太尉俱延为质，蒙逊乃引还。”

史》称其“乙弗勿敌国”。公元410年前后，乙弗勿敌国南与吐谷浑为邻，北与北凉地接壤，东与南凉相连，素来臣属于南凉。乙弗等部的饮食习惯与其他鲜卑部不同，他们不识五谷。除了以牛羊肉、奶酪为主外，常年捕食青海湖的鳇鱼，另外，喜食“苏子”。苏子形状有点像枸杞子，有红、黑等色，大概就是现在讲的“三刺”果。①

环湖地区气候湿润，水草丰美，又有鱼、三刺果，乙弗勿敌国部民衣食丰足，逐渐地人口有所增长，势力日强。乙弗勿敌国、契翰部首领近年来见南凉衰落不振，南有西秦侵逼，北受北凉欺侮，内部又不断发生大臣叛离之事，于是也开始轻视秃发傉檀，对傉檀派来收税的官员颇不恭敬。南凉嘉平七年（西秦永康三年，东晋义熙十年，414年），干脆口出狂言，拒绝承认南凉为宗主国，公然叛南凉而自立。

上面提到的乙弗勿敌国虽然很小，存在时间也很短，但是它在中国历史上却名气很大，主要是因为出了一位皇后——西魏文皇后。乙弗勿敌国有一

① 《资治通鉴》卷116《晋纪》38“安帝义熙十年（414年）条”胡三省注的原文是这样的：“《北史》曰：‘乙弗国有契翰一部，风俗亦同。’杜佑曰：‘乙弗敌，后魏闻焉，在吐谷浑北，众有万余落，风俗与吐谷浑同，然不识五谷，唯食鱼与苏子。苏子状若中国枸杞子，或赤或黑。西有契翰一部，风俗亦同。’”

位绝世美女——乙弗氏，16 岁时成为西魏文帝元宝炬的妃子。公元 535 年，正式被册封为皇后，史称西魏文皇后。但是，后来随着柔然国势力的逐渐强大，西魏文帝不得不改立柔然公主郁久闾为后，而废了乙弗氏，但又“密令养发，有追还之意”。柔然以此为借口，打算攻打西魏。在不得已的情况下，西魏文帝只好顺着柔然的意思，赐死乙弗氏。乙弗氏自尽后被葬在了甘肃麦积山石窟。后乙弗皇后所生儿子元钦继位，将乙弗皇后移至永陵，与文帝归葬一处。据专家考证，甘肃省天水市麦积山石窟第 43 窟中的塑像，就是按照西魏文皇后乙弗氏的形象建造的。

乙弗勿敌国、契翰部首领拒绝承认南凉为宗主国的消息传到乐都，凉王秃发傉檀勃然大怒。他对群臣说：“乞伏、沮渠二贼南、北逼孤，孤屡反击，无奈天不助孤，隐忍一时，也无不可。小小乙弗、契翰竟然也小觑于我。当前，国内饥馑，今年又无庄稼可收，孤想乘机西伐，掠取环湖牛、羊以解一时灾荒，众卿以为如何？”①

邯川护军孟恺离席拱手道：“启禀陛下，臣以为万万不可西伐。我国连年遭遇饥荒，南有乞伏炽磐

① 《资治通鉴》卷 116《晋纪》38“安帝义熙十年（414 年）条”记载：“（五月）唾契翰、乙弗等部皆叛南凉，南凉王傉檀欲讨之。”

蠢蠢欲动，北有沮渠蒙逊虎视眈眈，国内局势不稳，百姓惊恐不安。唯有按兵不动，方能没有大患。陛下如果远征，即使获胜，也得不偿失。不如与乞伏炽磐结盟言和，向他籴买粮食，度我难关。对所辖百姓和归附于我的各大小部落，以好言抚慰，以扩充我军资。总而言之，当前只宜蓄民力，训练士卒，待时而动。《易经》上说：‘其亡其亡，系于苞桑。’请陛下三思。”

傉檀听了，不以为然地说：“孤决意略地远征，卿不必劝阻，不必动摇军心。”①

转而对太子虎台说：“几年来战事不断，百姓无暇耕种已有多年，国势衰落，内外俱窘。这次西征势在必行，否则无法拯难救弊。孤西行后，你要加意提防。沮渠蒙逊撤兵不久，不可能仓促间再来。孤早晚担心的，主要是乞伏炽磐。然而炽磐兵少将寡，其实也不难对付。孤不过一月就能取胜回来。你谨守乐都，只要保全城池就可以了。”

次日，傉檀亲率骑兵7000，自乐都出发，向青

① 《晋书》卷126《秃发傉檀载记》记载：“傉檀议欲西征乙弗，孟恺谏曰：‘连年不收，上下饥弊，南逼炽磐，北迫蒙逊，百姓骚动，下不安业。今远征虽克，后患必深，不如结盟炽磐，通籴济难，慰喻杂部，以广军资，畜力缮兵，相时而动。《易》曰：‘其亡其亡，系于苞桑。’惟陛下图之。’傉檀曰：‘孤将略地，卿无沮众。’”

海湖方向奔袭。一路顺利，十余天后，大破乙弗部，获牛马羊 40 余万头只。[①]

凉王傉檀率精兵西征、乐都空虚的消息很快传到河南王乞伏炽磐耳中，炽磐十分高兴，当即扔掉手中的剑，起身欢呼："我的机会来了！"这年正月，炽磐在西秦都城枹罕之南山看见五色云升起，他认定那是自己的祥瑞之兆，喜悦无比，曾对群臣说："我今年应有所定，王业必成无疑！"于是令部下加紧打造兵器，修缮衣甲器具，训练士卒，等待四方各国发生可乘之机。没想到机会来得这么快。南凉空虚，唾手可得，简直太好了！[②]他急于出兵袭击乐都，征求群臣意见，群臣大都认为不可出兵，唯有太府主簿焦袭支持炽磐的主张，他说："傉檀不顾近患而贪远利，我若突然出兵，堵绝其归路，使傉檀不能还救，则虎台孤守穷城，不必费吹灰之力，就可轻取乐都。

① 《晋书》卷 126《秃发傉檀载记》记载："(傉檀) 谓其太子武台 (唐人修《晋书》时为避讳改"虎台"为"武台") 曰：'今不种多年，内外俱窘，事宜西行，以拯此弊。蒙逊近去，不能卒来，旦夕所虑，唯在炽磐。彼名微众寡，易以讨御，吾不过一月，自足周旋。汝谨守乐都，无使失堕。'傉檀乃率骑七千袭乙弗，大破之，获牛马羊四十余万。"

② 《晋书》卷 125《乞伏炽磐载记》记载："乞伏炽磐僭立十年，有云五色，起于南山，炽磐以为己瑞，大悦，谓群臣曰：'吾今年应有所定，王业成矣！'于是缮甲整兵，以待四方之隙。闻秃发傉檀西征乙弗，投剑而起曰：'可以行矣！'率步骑二万袭乐都。"

这是天赐良机，万不可失。”炽磐说：“卿言正合孤意。”当即点齐步骑2万，兵分两路，分别在河州北渡口（今甘肃省临夏市刘家峡水库一带）和临津渡口（今青海省民和官厅一带）渡过黄河，很快来到乐都，将城包围起来，四面急攻。秃发虎台率众凭城拒守。[①]

南凉王国的都城位于今海东市乐都区碾伯镇西约1.5公里处的大、小古城村。现在地面上已无遗迹可寻，但与古城有关的地名仍然存在。例如两个村庄分别被称为“大古城村”和“小古城村”。两村周围有“北门壕子”“古城角落”“北门十字”“南门台”“营门”等小地名。1983年，在全省文物普查时，乐都县文物普查小组对此城进行了调查，认为大、小古城是南凉都城——乐都城。从文献记载推测，大古城内原来还有一重城垣，内城建于后凉吕光政权时期，为乐都郡城，后来曾经是南凉早期国都；外城则筑于南凉秃发傉檀时，和内城同为南凉晚期国都。小古城则年代远晚于大古城，可能由北宋时期唃厮啰政权的权臣李立遵所建，同大古城一起，并称为

① 《资治通鉴》卷116《晋纪》38“安帝义熙十年（414年）条”记载：“河南王炽磐闻之，欲袭乐都，群臣咸以为不可。太府主簿焦袭曰：‘傉檀不顾近患而贪远利，我今伐之，绝其西路，使不得还救，则虎台独守穷城，可坐禽也。此天亡之时，必不可失。’炽磐从之，帅步骑二万袭乐都。虎台凭城拒守，炽磐四面攻之。”

宗哥城。

当时的乐都城中，南凉军主帅秃发虎台（唐人修《晋书》为避讳改为武台）率部凭城拒守。抚军从事中朗尉肃对虎台说："我看炽磐攻势甚猛，而我守军不敷调配。外城广大难守，殿下不如调集国人（指鲜卑人）坚守内城，臣等率晋人（指汉族及汉化的其他各族）在外城拒战，这样，即便外城失守，仍可以保存大部分实力，不至于全盘皆输，这是万全之策，请殿下务必采纳。"虎台说："炽磐小贼，旦夕当走，卿何必虑之过甚。"①

虎台不仅轻敌，不把乞伏炽磐放在眼里，更要命的是疑心很重。他疑心汉族人有二心，于是把有勇有谋有威望的汉族壮士软禁到内城，不准他们参战御敌。就连郜川护军孟恺这样的将才也被软禁起来。孟恺急了，扑通一声跪在虎台面前，哭着大喊道："殿下不能这样呀！炽磐不道，乘虚攻我，人神共愤。如今国家危如累卵，凯等进欲报知遇之恩，退则眷顾妻子儿女的安全，在这危急关头，人人愿效死力保家卫国，哪有什么二心呀！殿下为什么要这样猜忌臣等

① 《晋书》卷125《乞伏炽磐载记》所记原话是："炽磐乘虚来袭，抚军从事中郎尉肃言于武台曰：'今外城广大，难以固守，宜聚国人于内城，肃等率诸晋人距战于外，如或不捷，犹有万全。'武台曰：'小贼蕞尔，旦夕当走，卿何虑之过也。'"

呢？”虎台忙拉起孟恺说道：“我怎么不知君的为人，君乃忠贞之士，我有什么信不过的！我是怕其余的人万一有什么意外，是让君对他们加以安抚而已呀。”孟恺连连摇头，泣不成声。[①]

乐都城十分坚固，北凉沮渠蒙逊率大军围攻四次，均无功而返。可这次不同于以往，一是秃发傉檀将精锐骑兵带去西征，城内空虚；二是虎台轻敌猜忌，进一步分散了兵力，使守城力量过于薄弱。西秦军则士气高涨，志在必得。他们使用车弩、抛车等多种先进攻城器械和手段，采用声东击西等战术，围攻 10 天后，将外城攻破。西秦军进入外城后，没有费多大的劲，又将内城攻开缺口，前锋部队一拥而入，占领城墙。南凉军死伤惨重，已没有多少抵抗能力，见西秦军旗插上城头，知道抵抗也已无用，便纷纷投降。秃发虎台无能为力，被西秦将士活捉。乞伏炽磐随军入城，在秃发傉檀的凉王座上坐定，下令不得伤害秃发部王室贵族，将秃发虎台等人分别囚禁起来。派其平远将军乞伏捷虔率骑兵 5000 向青海湖方向奔

① 《晋书》卷 125《乞伏炽磐载记》所记原话是：“武台惧晋人有二心也，乃召豪望有勇谋者闭之于内。孟恺泣曰：‘炽磐不道，人神同愤，恺等进则荷恩重迁，退顾妻子之累，岂有贰乎！今事已急矣，人思自效，有何猜邪？’武台曰：‘吾岂不知子忠，实惧余人脱生虑表，以君等安之耳。’一旬而城溃。”

袭，追击秃发傉檀；以镇南将军乞伏谦屯为都督河右诸军事、凉州刺史，镇守乐都；以秃发乌孤之子秃发赴单为西平太守，镇西平（今西宁）；以赵恢为广武太守，镇守广武（今甘肃永登县）；以曜武将军王基为晋兴太守，镇守浩门（约在今甘肃永登县河桥驿）。并召集众文武论功行赏，欢宴庆功。①

这时候，环青海湖地区的乙弗鲜卑遭到南凉的抢掠后，惊慌失措，总共二万户部民在首领乌地延率领下，向乞伏炽磐投降，乞伏炽磐拜乌地延为建义将军。不久，乌地延死，乌地延的弟弟他子立，他子将儿子轲兰送到西平作为人质。他子的堂弟提孤等不愿意投降，率五千户向更西的地方迁徙。凉州刺史出连虔派人规劝，提孤等又归降了乞伏炽磐。炽磐认为提孤为人奸猾，终久会成为边患，于是在其部中征收重税戎马六万匹，以削弱其实力。过了两年，提孤等煽动部落民众西奔出塞，不受西秦的管辖。

① 《资治通鉴》卷116《晋纪》38“安帝义熙十年(414)条”记载：“一夕，城溃，炽磐入乐都，遣平远将军捷虔帅骑五千追傉檀，以镇南将军谦屯为都督河右诸军事、凉州刺史，镇乐都；秃发赴单为西平太守，镇西平；以赵恢为广武太守，镇守广武；曜武将军王基为晋兴太守，镇浩门。”《晋书》卷125《乞伏炽磐记》记载：“(乞伏炽磐)遂入乐都，论功行赏各有差。遣平远犍虔率骑五千追傉檀，徙武台与其文武及百姓万余户于枹罕。”

他子率五千户到西平定居下来。[①]

傉檀被鸩

这年（414 年）六月，南凉首都乐都城被西秦攻破时，南凉探马迅速把消息首先报告给镇守西平的南凉安西将军秃发樊尼（秃发乌孤幼子）。樊尼不敢怠慢，亲自骑马星夜西奔，将这一不幸的消息告知秃发傉檀。傉檀这时刚刚打了胜仗，掳获了大量牧畜，喜气洋洋正准备东归，一听说老窝被炽磐给端掉了，惊得说不出话来。等情绪稍为稳定后，召集众臣，悲伤而一字一顿地对大家说："今乐都已被乞伏炽磐攻陷，男夫尽杀，妇女赏军，我等想回家也无家可回了。"说到这时，他将语气加快了些，语调提高一些说："卿等如能与孤一起借乙弗部的马牛羊等物资，攻取契翰部，还有望赎回妻室子女，否则，归降炽磐就只有当奴仆了。难道卿等甘心自己的妻室

① 《晋书》卷 125《乞伏炽磐记》所记原话是："至是，乙弗鲜卑乌地延率户二万降于炽磐，署为建义将军。地延寻死，弟他子立，以子轲兰质于西平。他子从弟提孤等率户五千以西迁，叛于炽磐。凉州刺史出连虔遣使喻之，提孤等归降。炽磐以提孤奸猾，终为边患，税其部中戎马六万匹。后二岁而提孤等扇动部落，西奔出塞。他子率户五千入居西平。"

在他人怀抱中吗！”部众有的回答：“愿听陛下驱使。”有的则默不作声。秃发傉檀便指挥所部西进。但在行进途中，众将士三三两两的，默默地调转马头向东逃逸，秃发傉檀马前马后的将士越来越少。过了一两天，傉檀意识到数千将士已跑得差不多了，便派镇北将军段苟骑马向东追赶，命他尽量将众军士劝回。可是段苟本人也是肉包子打狗有去无回。这时，傉檀身边只剩下安西将军秃发樊尼、中军将军纥勃、后军将军洛肱、散骑侍郎阴利鹿数人了。①

秃发傉檀叹口气，对众将说道：“唉，沮渠蒙逊曾称臣于先兄利鹿孤，乞伏炽磐曾为质于我。而孤如今沦落到此等众叛亲离、无家可归的地步，要去投奔他们，实在是拉不下脸面呀。蒙逊与孤年岁名望差不多，炽磐则是女婿辈少年。此二人都难以容我。唉，天下如此广大，而孤竟无容身之地，这是多么令人痛心的事呀！眼下之计，与其聚而同死，不如分而或全。樊尼，你是孤兄长之子，宗族部落的希望

① 《晋书》卷125《乞伏乾归载记》所记原话是：“安西樊尼自西平奔告傉檀，傉檀谓众曰：‘今乐都为炽磐所陷，男夫尽杀，妇女赏军，虽欲归还，无所赴也。卿等能与吾藉乙弗之资，取契汗以赎妻子者，是所望也。不尔，归炽磐便为奴仆矣，岂忍见妻子在他人怀抱中！’遂引师而西，众多逃返，遣镇北段苟追之，苟亦不还。于是将士皆散，惟中军纥勃、后军洛肱、安西樊尼、散骑侍郎阴利鹿在焉。”

全寄托在你身上，我宗族部众在岭北（指洪地岭即今祁连山以北）者还有近万户，蒙逊如今正在招怀远近士民，为存亡继绝起见，你就投奔他去吧。纥勃、洛肱就随樊尼同行，互相也好有个照应。孤年已老，到哪里去也不会容我，还不如回去见妻室家小一面，然后一死了之。”于是，秃发樊尼等与傉檀洒泪相别，拨马向北而行，傉檀信马东返。紧随傉檀者，唯有散骑侍郎陰利鹿一人。①

傉檀对陰利鹿说：“去危就安，人之常情。我亲属骨肉都离我而去了，卿为何独自留在我身边？”陰利鹿道：“臣老母在家，不是我不想回去，但自古忠孝难两全，臣既已事奉陛下，就只能顾全忠了。臣不才，不能像申包胥求救兵时哭秦廷那样西哭沮渠；也不能像毛遂那样在秦围赵都求救于楚时自荐展才，但牵马缒镫，侍奉陛下左右，是臣的本分，怎能离陛下而去呢？但愿陛下能眼光弘远计谋超群，根据形势变化治理好国家。”傉檀仰天叹道：“知人固然

① 《晋书》卷126《秃发傉檀载记》所记原话是：“傉檀曰：‘蒙逊、炽磐昔皆委质于吾，今而归之，不亦鄙哉！四海之广，匹夫无所容其身，何其痛也！蒙逊与吾名齐年比，炽磐姻好少年，俱其所忌，势皆不济。与其聚而同死，不如分而或全。樊尼长兄之子，宗部所寄，吾众在北者户垂二万，蒙逊方招怀遐迩，存亡继绝，汝其西也。纥勃、洛肱亦与尼俱。吾年老矣，所适不容，宁见妻子而死！’遂归炽磐，唯陰利鹿随之。”

不易，人也确实难知。那么多大臣亲戚尽弃孤而去，今日忠义终始不亏者，唯卿一人而已！日久见人心，岁寒不凋松，全都在卿身上得到体现了。卿未负孤，孤实愧卿呀。”①

乞伏炽磐派出的平远将军乞伏捷虔，在西行途中不断收容南凉降军，同时打听凉王秃发傉檀的下落。傉檀也打探西秦军的消息。当得到侄子秃发赴单任西平太守，镇守西平的消息时，便想投奔西平。途中却被乞伏捷虔部下碰上。捷虔立即差人将秃发傉檀只剩两人两骑欲归西平的情况报告乞伏炽磐。炽磐当即传令，命乞伏捷虔护卫傉檀东返，并派文武官员数人出城 10 里迎接，他自己也赶到西平，以上宾之礼接待秃发傉檀。②

南凉乐都城溃以后，原属南凉的西平、长宁、安夷、晋兴、广武等城纷纷投降了西秦，唯独驻守浩门的南凉军拒不投降。这里的守将叫尉贤政，此

① 《晋书》卷 126《秃发傉檀载记》所记原话是:“傉檀谓利鹿曰:‘去危就安，人之常也。吾亲属皆散，卿何独留？’利鹿曰:‘臣老母在家，方寸实乱。但忠孝之义，势不俱全。虽不能西哭沮渠，申包胥之诚；东感秦援，展毛遂之操，负羁靮而侍陛下者，臣之分也。惟愿开弘远猷，审进止之算。’傉檀叹曰：‘知人固未易，人亦未易知。大臣亲戚皆弃我去，终始不亏者，唯卿一人。岁寒不凋，见之于卿。’”

② 《晋书》卷 126《秃发傉檀载记》所记原话是：“傉檀至西平，炽磐遣使郊迎，待以上宾之礼。”

人为人刚直，带兵有方。乞伏炽磐带人久攻不下，派人喊话说："尉将军听着，如今乐都城已被我大军攻下，将军的妻室子女全都掌握在我大王手中，你独守一城，又能怎么样？不如快投降，大王将有重赏。"

尉贤政说："我受凉王厚恩，为国家守卫城池，虽知乐都已陷，妻子被擒，先降者获赏，后顺者受诛，但在不知主上存亡的情况下，不敢归命。妻室子女是小事，怎值得动心？如若贪一时之利，而忘委付之事，我内心都引为耻辱，贵大王怎会收纳重用呢？"乞伏炽磐命虎台亲笔手书招降书，派人用箭射到城上，尉贤政看了虎台让他投降的亲笔信后，鄙夷地对立于城下乞伏炽磐身旁的秃发虎台说："你身为国储副主，既不能御敌，又不能尽节，面缚于人，弃父忘君，堕万世之基业，留千年之骂名。贤政我虽不才，却是义士，岂有效法你的道理！"虎台满面羞愧，转身离去。

西秦军对尉贤政无可奈何，只好继续围攻。过了几天，尉贤政得到确切消息，确信秃发傉檀已归降炽磐，并已到了左南（约在今甘肃积石山县吹麻滩），他这才令军士高悬白旗，举城归附西秦。[①] 西秦曜武将军、晋兴太守王基率部入城受降，将尉贤政解送枹罕，乞伏炽磐对他的忠义之举颇加赞赏。

秋七月，乞伏炽磐拜秃发傉檀为骠骑大将军，赐封左南公。[②] 乐都城破时南凉文武官员及各族百姓万余户被炽磐迁到枹罕（今甘肃临夏市），这时，炽磐对秃发虎台以下原南凉文官武将也按才能和特长予以安置、叙用。冬十月，河南王乞伏炽磐复称“秦王”，置百官。十一月，立秃发傉檀幼女为王后。

从前，西秦失国初，乞伏炽磐曾被父亲作为人质，送至南凉晋兴郡，后炽磐逃跑被捉，秃发傉檀不但将他释放，还归还其家小。这次炽磐攻入乐都，见傉檀幼女艳丽动人，强收为妃。由于这几层关系，乞伏炽磐对秃发傉檀十分恭敬、客气，礼遇有加。但就傉

---

① 《晋书》卷 126《秃发傉檀载记》所记原话是这样的：“初，乐都之溃也，诸城皆降于炽磐，傉檀将尉贤政固守浩亹不下。炽磐呼之曰：‘乐都已溃，卿妻子皆在吾间，孤城独守，何所为也！’贤政曰：‘受凉王厚恩，为国家籓屏，虽知乐都已陷，妻子为擒，先归获赏，后顺受诛，然不知主上存亡，未敢归命。妻子小事，岂足动怀！昔罗宪待命，晋文亮之；文聘后来，魏武不责。邀一时之荣，忘委付之重，窃用耻焉，大王亦安用之哉！’炽磐乃遣武台手书喻政，政曰：‘汝为国储，不能尽节，面缚于人，弃父负君，亏万世之业，贤政义士，岂如汝乎！’既而闻傉檀至左南，乃降。”

② 《晋书》卷 126《秃发傉檀载记》记载：“炽磐以傉檀为骠骑大将军，封左南公。”

檀而言，终究是寄人篱下，虽衣食无忧，但毫无权力，所以免不了郁郁寡欢。乞伏炽磐联想到自己与后秦的关系，当年父亲乾归兵败失国，后秦帝姚兴对他们父子不薄，不仅封官授爵，还让他们继续统领旧部，以至于使他们有了复国的机会。炽磐害怕自己的经历被秃发傉檀父子重演，尽管眼下傉檀有职无权，但是夜长梦多，只要他活着，说不定什么时候就有死灰复燃的机会和可能。所以炽磐渐渐生出除掉秃发傉檀的想法。

西秦永康四年（东晋义熙十一年，415 年）冬季的某一天，乞伏炽磐派亲信送给秃发傉檀一壶毒酒，请他务必饮下。傉檀饮下后，腹痛难忍。傉檀的亲眷近侍不知是乞伏炽磐想存心毒死傉檀，还劝傉檀服下解药。傉檀说："不必了，我这病岂是解药能治好的？"说完安然去世。[①]

南凉王国自公元 397 年建立，到 414 年灭亡，共存续 18 年。先后历秃发乌孤、秃发利鹿孤、秃发傉檀三主，其中傉檀在位时间最长，达 13 年。他享年 51 岁，死后谥号景王。傉檀是南凉国的杰出人物，

① 《晋书》卷 126《秃发傉檀载记》记载："岁余，为炽磐所鸩。左右劝傉檀解药，傉檀曰：'吾病岂宜疗邪！'遂死，时年五十一，在位十三年，伪谥景王。武台后亦为炽磐所杀。……乌孤以安帝隆安元年僭立，至傉檀三世，凡十九年，以安帝义熙十年灭。"

他在位时南凉疆域大增，并一度迁都姑臧，迅速走向鼎盛；但同样是他，也犯了一些错误，导致南凉急剧衰落，以致速亡。唐朝人房玄龄等所撰《晋书》说到秃发傉檀的功绩时，称他“摧吕氏算无遗策，取姑臧兵不血刃，武略雄图，比踪前烈”，同时又批评他“穷兵黩武，丧国颓声”。《资治通鉴》卷 112 中，大学者胡三省在注文中对秃发傉檀有简短的总体看法，胡氏认为：“秃发兄弟皆推傉檀之明略，余究观傉檀始末，未敢许也。又究观姜纪自凉如秦始末，则纪盖反复诡谲之士，而傉檀爱重之，则傉檀盖以才辩为诸兄所重，而智略不能济，此其所以亡国也”。这个看法很值得重视。过去人们普遍把南凉亡国的原因归结为秃发傉檀的穷兵黩武。《晋书》卷 95《昙霍传》记载了一个故事，就是为说明傉檀因为好战而招致国灭。故事说有个叫昙霍的僧人，不知何方人士，十分神异，秃发傉檀在位时从河南地方来到南凉国中。别人送他衣服，他拿去投入河中，转身离开，过几日干干净净的衣服又会回到原主手中。他行走如风云，预测人死生贵贱无毫厘差错。有人将他经常拿在手中的锡杖藏起来，他大哭几声，闭目须臾，站起身来就能取到此杖。人们都弄不清他如此神异的诀窍在哪里。昙霍曾对秃发傉檀说：“大王如能安坐无为，则天下可定，社稷能昌；如穷兵好杀，祸将及己。”可是傉檀不能从，以致败亡云云。这段故事的结论是说秃发傉檀好战，因而招来国灭人亡之祸。这话有一定道理，但我认为过于绝对。其实从南凉与夏、后秦、北凉、西秦、吐谷浑等之间的战事看，除讨伐北凉是由傉檀主动发动的外，其余基本上都是被动应战，南凉即使不愿出战也是不可能的。我认为南凉亡国的原因其实很复杂，是多种因素造成的，在本书的最后有我个人浅显的看法。

虎台受诛

西秦乞伏氏乘南凉连年征战、连年灾荒、国力衰弱之机，突然袭击成功，没有费太大的力，就灭掉了南凉，占有了南凉的乐都、西平、广武、晋兴等郡。西秦捡到这么大的便宜，自然引起北凉沮渠蒙逊的极大不满。蒙逊连年进攻南凉，费了九牛二虎之力，得到的仅有秃发文支投降的湟河郡一郡之地，心中十分不平。于是，东晋义熙十一年（415 年）二月，沮渠蒙逊率军攻占了西秦的广武郡，但湟河郡却被乞伏炽磐夺了去。

东晋义熙十一年（415 年）五月，乞伏炽磐率众三万袭击湟河郡，沮渠蒙逊之弟折冲将军、湟河太守沮渠汉平力战固守，遣司马隗仁夜出攻击炽磐，虽获小胜，最后还是丢了湟河郡。此后，乞伏炽磐又在河湟地区了发动几次攻击，都有所斩获。沮渠蒙逊见西秦正处于极盛时期，不敢再与炽磐争长短，便于次年（416 年）与炽磐联姻和亲，罢战言好。[①]

这里顺便讲一讲有关前凉修西王母石室、北凉祭祀西王母石室的故事。据《晋书·张轨传附骏》记载：东晋穆帝“永和元年（345 年）……酒泉太守马岌上言：‘酒泉南山，即昆仑之体也。周穆王见西王母，乐而忘归，即谓此山。此山有石室玉堂，珠玑镂饰，焕若神宫。宜立西王母祠，以裨朝廷无疆之福。’骏从之。”次年，张骏去世，其子张重华成为前凉之主。张重华在位期间（346—359 年），派人在西王母石室前修了西王母祠（《十六国春秋》作西王母寺）。此后大约过了半个多世纪，即东晋安帝义熙十二年（416 年），北凉主沮渠蒙逊亲自前来拜谒了西王母寺。据《晋书·沮渠蒙逊载记》记载，这年，蒙逊率大军越过祁连山，来到环青海湖地区，当地的“卑和虏”即

① 《资治通鉴》卷 116《晋纪》39“安帝义熙十二年（416 年）条”记载：“二月……蒙逊遂与炽磐结和亲。”胡注：“自炽磐灭秃发氏，与蒙逊为邻敌，岁岁交兵，今乃结和。”

鲜卑乙弗部、契翰部以及羌人等部众望风迎降。沮渠蒙逊一行循青海湖而西行，来到今茶卡盐湖一带，祭祀了西王母寺。史书记载，沮渠蒙逊等看到寺中有《玄石神图》，于是命随行的中书侍郎张穆作了一首赋，铭刻在寺前，然后沿原路而归。[①] 史书所载《玄石神图》和张穆赋石刻的真迹迄今未得一见，但前凉主所修、北凉主祭祀过的西王母寺（祠）的遗迹，已经于 1995 年被天峻县地方志办公室和青海省考古研究所的专家学者发现并确认。该寺的确切位置在今 315 国道 338 公里处，地属海西州天峻县关角乡，在关角垭豁以南的关角日吉沟脑。寺址东西约七八十米，南北约五六十米，遗址内发现带有“长乐未央”“常乐万亿”铭文的瓦当，这些铭文正好表达了前凉张氏祈求“无疆之福”的愿望。寺址对面 70 米处有一天然石洞，原名二郎洞（又名甘居洞），此洞当即史书所载西王母石室无疑。关角日吉沟脑的二郎洞正在仙海、盐池附近，与史书的记载恰相吻合。此洞位于公路边上，笔者多次考察过，近年来天峻县已经把它开发为旅游景点。

① 《晋书》卷 129《沮渠蒙逊载记》所记原话是：“蒙逊西祀金山，遣沮渠广宗率骑一万袭乌啼虏……蒙逊率中军三万继之，卑和虏率众迎降。遂循海而西，至盐池，祀西王母寺。寺中有《玄石神图》，命其中书侍郎张穆赋焉，铭之于寺前，遂如金山而归。”

接着说河西王沮渠蒙逊与西秦和亲后，将攻击的目标转移到西凉上。晋义熙十三年（417 年）四月，蒙逊乘凉公李暠去世不久，新主李歆无能，便引兵攻西凉，大败凉公李歆于建康（今甘肃高台县西南）。次年九月又引兵西伐。西凉主李歆因用刑过严，又喜欢修宫室，打猎游玩，引起朝野不满。公元 420 年秋，蒙逊以声东击西的策略引诱李歆来战，李歆中计，与蒙逊交战于酒泉东，被蒙逊打得大败，李歆被斩。李歆弟李恂据守敦煌。公元 421 年，蒙逊又带兵攻下敦煌，李恂自杀，西凉国遂亡。

河西王沮渠蒙逊吞并掉西凉后，回过头来又将进攻矛头指向西秦。西秦建弘二年（421 年）七月，蒙逊派军攻击西秦，却被西秦军打败。从此，北凉与西秦战端再起，交战状态一直持续到西秦灭亡。

沮渠蒙逊为了对付西秦，派人暗中与秃发虎台接头，引诱他作为西秦内奸，与北凉共图消灭西秦大计。蒙逊还许诺事成之后，将北凉位于河西的番禾、西安二郡之地划给虎台，并答应借给兵士，让他报杀父之仇，收回失去的故土。秃发虎台在西秦度日如年，也很想摆脱寄人篱下的地位，便答应了北凉使者，并暗中商定了行动计划。[1]但事机不密，他们互相联络之事被乞伏炽磐知道了，炽磐看在虎台是王后兄长的份上没有深究，只是将虎台召入宫廷，不让他随便外出，表面上不露声色，待遇一如平常。

西秦建弘四年（423年）十月，乞伏炽磐的王后秃发氏将兄长虎台召入后宫，说道："秦与我本有大仇，虽表面上结有婚姻关系，但只是虚与应酬而已。试想先王之死，并非天命，他临终不让治疗，无非是考虑到保全我等起见。我与兄既为人子，怎可长期事奉仇人，而不思报复呢？"虎台说："妹妹所言，正是为兄的心事。此前与沮渠蒙逊使者密谋之事悔未能成。我正在另行谋划，目前可行者唯有找机会行刺。"王后点点头，叮嘱行事要机密。

虎台从后宫退出后，便与先前部将原南凉武卫将军叫越质洛城的密谋，要找机会刺杀炽磐。因越质洛城身为禁卫，出入宫廷的机会多，容易找到下手的机会。

虎台兄妹密谈及与越质洛城谋刺之事虽称机密，却没有瞒过另一个人，此人便是乞伏炽磐的左夫人。

① 《资治通鉴》卷119《宋纪》1"景平元年（423年）条"所载原话是："秃发傉檀之死也，河西王蒙逊遣人诱其故太子虎台，许以番禾、西安二郡处之，且借之兵，使伐秦，报其父仇，复取故地。虎台阴许之，事泄而止。"

这位左夫人是王后、虎台的堂妹，也是秃发氏，平日里与王后相处得还算可以，王后除了讨厌她善于争宠外，其他方面也觉得能合得来，毕竟都是秃发氏姊妹，命运相同嘛，所以有时说些对炽磐不满的话也不避讳她。这位左夫人对王后之言往往随声附和。秃发后以为左夫人与己一心，没有太多提防。言谈间将报仇雪恨之类的意思偶尔漏说数语，左夫人假意赞成，盘问底细，便将谋刺之事全部知道了。左夫人为了自己日后当王后，过荣华富贵的日子，便出卖王后、虎台等人，向乞伏炽磐告了密。炽磐不听犹可，听了密报，自然怒不可遏，立即派人将王后、虎台、越质洛城等十余人捉来，一并处死。[①]可叹秃发虎台虽有报仇之心，却时运不济，屡屡失败，终于含恨离开了人世。

秃发虎台有仇难报，却是因为秃发氏内部有左夫人这样的奸细之故。左夫人以告密有功，得到炽磐专宠。然而炽磐已年老，又过了 5 年，至西秦建弘九年（428 年）五月，炽磐病死，左夫人做了寡妇。

① 《资治通鉴》卷 119《宋纪》1“景平元年（423）条”所载原话是：“秦王之后，虎台之妹也，炽磐待之如初。后密与虎台谋曰：‘秦本我之仇雠，虽以婚姻待之，盖时宜耳。先王之薨，又非天命；遗令不治者，以全济子孙故也。为人子者，岂可臣妾于仇雠而不思报复乎！’乃与武卫将军越质洛城谋杀炽磐。后妹为炽磐左夫人，知其谋而告之，炽磐杀后及虎台等十余人。”

乞伏炽磐死后，由其前妻所生之子乞伏暮末继立秦王。暮末有个弟弟叫轲殊罗，生得魁梧英俊，依鲜卑旧习俗，与寡居的后母炽磐左夫人秃发氏勾搭成奸。暮末知道此事后，警告轲殊罗，严禁他与左夫人再来往。乞伏轲殊罗又羞恼又恐惧，思前想后，决定一不做，二不休，干脆将兄长暮末杀死算了。于是与叔父乞伏什寅密谋，计划刺杀暮末后，奉还四个月前俘虏的北凉主沮渠蒙逊世子沮渠兴国，投奔河西。这事发生在西秦永弘二年（北魏神麚二年，429年）十月。轲殊罗等为了行刺，让左夫人秃发氏设法偷暮末寝室的钥匙。结果偷到的钥匙有误，门打不开，守卫人员起了疑，报告乞伏暮末。暮末立即查问，顺藤摸瓜，很快查清谋刺未遂事情的真相，于是将全部案犯抓来，一一鞭责审问。乞伏什寅被鞭打得受不了，对暮末说："我宁可负汝死，也不愿负汝鞭！"暮末怒，下令将什寅剖腹后投尸于河。轲殊罗被鞭打一顿，连声求饶，暮末留了他一条命，其余有关人犯全被处死，原左夫人秃发氏自杀。[①]

① 《资治通鉴》卷119《宋纪》1"景平元年（423）条"所载原话是："西秦王暮末之弟轲殊罗烝于文昭王左夫人秃发氏，暮末知而禁之。轲殊罗惧，与叔父什寅谋杀暮末，奉沮渠兴国以奔河西。使秃发氏盗门钥。钥误，门者以告暮末。暮末悉收其党，杀之，而赦轲殊罗。执什寅，鞭之，什寅曰：'我负汝死，不负汝鞭！'暮末怒，刳其腹，投尸于河。"

二、秃发氏后裔昌大北魏

先投北凉，再投北魏

南凉首都乐都城被攻破后，原南凉王室秃发氏成员一部分随秃发傉檀、秃发虎台入西秦，一部分投奔沮渠蒙逊。如前所述，秃发赴单被西秦乞伏炽磐任命为西平太守，镇守西平，而秃发樊尼遵照傉檀的指示北投沮渠蒙逊，曾被蒙逊任作临松太守。北凉还有早在南凉亡国前就投降过去的秃发文支等。傉檀、虎台先后死于非命，留在西秦的秃发氏宗室成员又有一些陆续投奔北凉。见于史书记载的，先后投奔北凉沮渠蒙逊的秃发氏后裔有秃发傉檀的儿子保周、破羌，秃发俱延的儿子覆龙，秃发利鹿孤之孙副周，秃发乌孤之孙承钵等。他们虽身在北凉，但都在密切观察形势变化，以决定最终去留。因为当时西北地区政治形势十分复杂，可以说是瞬息万变。

西秦自乞伏暮末上台后，严刑峻法，滥杀重臣，造成众叛亲离，国势迅速衰落。西秦永弘三年（430年），乞伏暮末在北凉、吐谷浑的进逼之下，被迫作出投靠北魏的决定。北魏大武帝同意将西秦安置在平凉（治今甘肃平凉）、安定（治今甘肃泾川北）一带。

暮末于是焚烧城邑，毁掉宝器，率一万五千户百姓东迁。可是平凉、安定一带当时属于匈奴赫连氏所建夏国的领地，北魏当时志在统一北方，魏太武帝拓跋焘让乞伏暮末迁至此地其实是个阴谋，目的是挑起西秦与夏国的纷争，自己好坐收渔人之利。果然，当暮末君臣东行临近平凉时，夏主赫连定发兵阻击，暮末只好退守南安（今甘肃陇西东）。次年（431 年），夏国又围攻南安，南安城中百姓饥荒，人相食。西秦将士纷纷越城墙降敌，暮末穷途末路，率宗族 500 人，自抬棺材投降夏国，后全部被赫连定杀死，西秦王国灭亡。①

西秦前脚东迁，吐谷浑后脚占了其沙、河等州的领土。夏主赫连定灭掉西秦后，还贪心不足，又想西进河西走廊，讨伐北凉沮渠蒙逊而夺取其地。谁知，螳螂捕蝉，黄雀在后。这年六月，赫连定率万余军队、10 万百姓在治城（今甘肃临夏北）渡黄河，渡到一半的时候，遭到吐谷浑王慕璝所派益州刺史慕利延、宁州刺史拾虔所率 3 万军队的突然袭击，赫连定被

① 《晋书》卷 125《乞伏炽磐载记》记载："炽磐在位七年而宋氏受禅，以宋元嘉四年死。子暮末嗣伪位，在位四年，为赫连定所杀。"

生擒，夏国灭亡。[①]

这年（431 年）九月，北魏主拓跋嗣打算挑选一名使者到河西了解情况，大臣崔浩推荐尚书李顺，于是李顺被任命为太常。北凉主沮渠蒙逊遣子沮渠安周入侍于北魏。北魏拜沮渠蒙逊为侍中，都督凉州、西域、羌戎诸军事、太傅、行征西大将军、凉州牧、凉王，辖武威、张掖、敦煌、酒泉、西海、金城、西平 7 郡。[②]

北魏拓跋氏与南凉秃发氏同源，拓跋诘汾是他们的共同祖先。诘汾庶长子匹孤的后代建立了南凉，诘汾世子力微的后代建立了北魏，力微因而被奉为北魏的始祖。到拓跋力微九代孙什翼犍（338—376 年）时，开始建年号，置百官。什翼犍孙拓跋珪于公元 386 年即代王位，曾大破匈奴刘卫辰，势力逐渐强大起来，于 398 年定都平城（今山西大同），次年称帝，即北魏道武帝。409 年拓跋珪死，子拓跋嗣即位，是

① 《资治通鉴》卷 122《宋纪》4“文帝元嘉八年（431 年）条”记载：“夏主畏魏人之逼，拥秦民十余万口，自治城济河，欲击河西王蒙逊而夺其地。吐谷浑王遣益州刺史慕利延、宁州刺史拾虔帅骑三万，乘其半济，邀击之，执夏主定以归。”

② 《资治通鉴》卷 122《宋纪》4“文帝元嘉八年（431 年）条”记载：“北魏主欲选使者诣河西，崔浩荐尚书李顺，乃以顺为太常，拜河西王沮渠蒙逊为侍中，都督凉州、西域、羌戎诸军事、太傅、行征西大将军、凉州牧、凉王，辖武威、张掖、敦煌、酒泉、西海、金城、西平七郡。”

为明元帝。拓跋嗣在位时，大举南征，攻占今河南、山东等地。423 年拓跋嗣死，其长子拓跋焘即位，他便是魏世祖太武帝。拓跋焘即位后连年兴兵，屡获胜利，先后征服北方柔然、高车等部，又对夏国发动攻势，攻占夏国都城统万城，又生擒夏主赫连昌。赫连昌的弟弟赫连定在平凉自立为帝，灭西秦，但很快又被吐谷浑主慕璝生擒，解送北魏。至此，北魏已统一了中国北方的大部分地区，剩下的只有东北的北燕和西北的北凉了。

先后投奔北凉的秃发氏后裔有秃发傉檀的儿子保周、破羌等。这些人眼见北魏的势力如日中天，就连河西王沮渠蒙逊也惧怕几分，派出爱子作为人质，于是更坚定了他们投奔北魏的决心。经请准沮渠蒙逊，他们约于公元 431 年开始陆续前往北魏，接洽投奔事宜。

源贺得名

秃发傉檀第六子秃发破羌约于公元 431 年离开北凉投奔北魏。魏太武帝拓跋焘早就听人提起过破羌这个名字，等到他见了真人，果然是个英俊潇洒的青年，言谈举止很有风度，又机敏善辩，太武帝先有几分喜欢，对破羌说："卿与朕同源，只不过后来因故分姓，从今以后，卿可改姓源氏。"自那以后秃发破羌被人称呼源破羌，再后来，称为源贺。太武帝赐源贺西平公爵位，并加龙骧将军号。

北魏延和元年（432年）十二月，破羌兄秃发保周也自北凉投奔北魏，被封为张掖公（《资治通鉴》卷116作张掖王，那是后来加封的）。在此前后投奔北魏的还有秃发俱延子覆龙，被封为酒泉公；秃发利鹿孤孙副周，受封永平公；秃发乌孤孙承钵，被封为昌松公。①

秃发保周是随北魏出使北凉返回的使臣——尚书李顺一行而来的。魏主拓跋焘问李顺凉州方面的情况，李顺回答说："沮渠蒙逊控制河右已超过30年，经过许多艰难曲折，他本人粗识机变，能使边地安定，四夷归顺，群下畏服，也算难得。虽不能传位孙辈，终其一世是没问题的。但这次臣出使凉土，蒙逊有傲慢无礼、不敬君上的表现，以臣观之，他死期就在一两年内。"魏主说："蒙逊死后，何时可灭其国？"

① 《资治通鉴》卷116《晋记》38"安帝义熙十年（414）条"记载："傉檀子保周、贺，俱延子覆龙，利鹿孤孙副周，乌孤孙承钵，皆奔河西王蒙逊，久之，又奔魏。魏以保周为张掖王，覆龙为酒泉公，贺西平公，副周永平公承钵昌松公。魏主嗣爱贺之才，谓曰：'卿之先与朕同源，赐姓源氏。'"

李顺说："蒙逊有好几个儿子，臣都见过，可以说都是一帮庸才。其中敦煌太守沮渠牧犍略有几分禀赋、才干，继蒙逊之位者，必是此人。但是沮渠牧犍比起他父亲来，人们普遍认为远远不及。这大概是上苍为了支持圣明之主统一天下而安排的吧。"魏主说："朕正被东方战事缠身，无暇西略。如卿所言，数年之后再攻凉州，也不算晚。"

果如李顺所言，沮渠蒙逊于李顺离开姑臧的第二年（433 年）就去世了，即河西王位者恰是其第三子沮渠牧犍。牧犍遵从沮渠蒙逊生前的遗愿，送妹妹兴平公主于平城，被魏主拓跋焘封为右昭仪（妃嫔的称号）。北魏将沮渠蒙逊生前的官爵名号全部封给了牧犍。

北魏太延二年（436 年），太武帝拓跋焘亲统大军灭了北燕。太延五年（439 年）六月，北魏开始进兵河西。六月初从平城出发，七月到达上郡（今陕西榆林东），将所部分为三队，两队为先锋，分道并进，一队为后继，往来策应。魏军以秃发傉檀第六子源破羌为向导。

近四五年来，破羌多次随太武帝出征，在征讨北胡白龙、讨伐吐京胡等战事中，冲锋陷阵，已因功由龙骧将军进为平西将军。这次征讨凉州，魏主拓跋焘特意带上他以及其他秃发氏后裔。魏军临近河西时，拓跋焘将源破羌招来，征询攻取姑臧的策略。源破羌回答说："姑臧城外有四部鲜卑，不仅互相支援，而且共同形成姑臧的外围势力。不过，这四部都是臣祖父的旧民，臣愿前往宣传国家威力、陛下圣明，向他们指明祸福，晓以利害，他们必会相率归降。这样，外援既服，然后专力攻击孤城，拔姑臧易如反掌。"

太武帝高兴地说："卿计很好。"当即派源破羌率精骑前往各部做招抚工作。八月，源破羌兄弟等共招慰部下 3 万余户，获杂畜 10 余万头（只）。魏军在没有后顾之忧的情况下，专力攻打姑臧城。

沮渠牧犍事先没有得到北魏来攻的消息，被包围后感到十分突然。后听说柔然要出兵攻魏，幻想魏兵不久会东返，便婴城固守。九月，牧犍侄子沮渠万年率所部降魏，姑臧城破，沮渠牧犍率其文武百官共 5000 余人面缚请降。

攻下姑臧后，拓跋焘又派秃发保周、源破羌等分头受降凉州所属各郡，加上姑臧城中民户，北魏共得 30 余万户。这年冬十月，魏军起程东返，将沮渠牧犍宗族及官员百姓共 3 万户迁至平城，牧犍仍保留征西大将军、河西王的名号。

凉州平定后，源破羌以功升征西将军，进号西平公。此后数年中，他又随太武帝南征北战，均有功。北魏太平真君六年(445年)，升散骑常侍。十一年(450年)随拓跋焘南征刘宋，在著名的瓜步（今江苏六合）之役中，任前锋大将。每次作战，只要遇到强敌，源破羌总是冲锋在前，太武帝为此告诫他，以后运筹帷幄就可以了，不要轻犯险境。并对他说："人取名字，理应务实，不可过滥。"遂赐名贺，此后始称为源贺，"破羌"之名遂弃之不用。这年源贺官升殿中尚书。[①]

源贺及其子孙的卓著功勋及尊崇地位

源贺在北魏屡立战功，职位升迁很快，对北魏朝廷发挥的作用也越来越重要。公元452年，北魏朝中发生了宫廷政变。有个任中常侍的宦官叫宗爱的，为人阴险狡诈，史书称其"性险暴，多不法"。因与太子拓跋晃有矛盾，宗爱便捏造事实，向太武帝诬告太子重用的几位正直近臣有不法行为。魏太武帝拓跋焘没有细察，就下令将他们斩首，太子因此忧伤而死。拓跋焘后来知道太子和被杀的几个大臣都无罪，十分后悔。宗爱惧怕实情暴露后，迟早被太武

---

① 《魏书》卷41《源贺传》记载："贺本名破羌，是役也，世祖曰：'人之立名，宜得其实，何可滥也？'赐名贺焉。拜殿中尚书。"

帝斩首，便利用经常出入内宫之便，先行下手，于这年（452 年）二月将拓跋焘刺死，并勾结其他几个奸臣，秘不发丧。宗爱等以太武帝喜欢的皇孙拓跋濬年幼为借口，拥立与他们关系好的南安王拓跋余（拓跋焘幼子）为帝。新帝继位时，才公布太武帝死讯。拓跋余上台后，沉湎于酒色玩乐，不关心朝政，却明显感到宗爱权力过大,打算削夺其权。宗爱大怒，于这年冬十月，派小黄门（侍从皇帝、传达诏命的小太监）又将拓跋余杀死。知道此事的还有羽林郎中刘尼，刘尼又将此事密告源贺。

源贺当时任殿中尚书，与刘尼都属于统领警卫皇宫的禁军首领，他们与南部尚书陆丽商议，决定拥立皇孙拓跋濬为帝，陆丽、刘尼负责从苑中带出拓跋濬，源贺负责守卫皇宫，做内应。约定的时间一到，陆丽怀抱皇孙单骑驰至宫门，源贺开门放人，刘尼召集众禁兵宣布宗爱弑逆之罪，众臣奉拓跋濬即皇帝位（是为北魏文成帝），捕斩宗爱等。十二月，文成帝以源贺立有定策大功，将他的职务由征西将军转为征北将军，并加给事中，晋爵西平王。魏帝班赐群臣，轮到源贺时，让他任意拿取财物，想拿多少就拿多少。源贺却推辞说："当前南有刘宋，北有柔然，国家防务不可一日松弛，府库之藏关系国计民生，不可一日空虚。臣衣食已足，分文不愿再取。”文成帝一再坚持让他必须多少拿些，不必过于谦退，源贺推辞不过，就牵了一匹战马了事。①

北魏太安十年（456 年）十一月，魏以西平王源贺为冀州（今河北衡水市冀州区）刺史、征南将军，爵号改为陇西王。源贺到任后，减轻百姓徭役，公平处理各类案件，深得百姓爱戴。他上书朝廷说：“如今南北疆场都需防守，而兵卒不够分派。臣愚以为除犯有谋反、杀人之罪者外，其余犯贪占、过失、盗窃等罪判为死刑者，都可以赦死，让他们戍边改过。这样，原该身首分离之人可蒙再生之恩，承担徭役之家能受休息之惠。请陛下裁夺。”源贺的建议被文成帝采纳，每年有大批死罪犯人被免死派到边疆防守。若干年后，文成帝对众臣说：“朕采纳源贺之言，每年存活的人不少，戍边的兵员也大有增加。卿等如果人人像源贺，朕治天下还有什么忧愁的呢！”群臣都说：“不是忠臣想不出这样的建议，不是圣明之主不可能采纳这样的建议呀。”

源贺在冀州任刺史七年，口碑很好。公元 463

---

① 《魏书》卷 41《源贺传》所记原话是：“高宗即位，班赐百僚，谓贺曰：‘朕大赉善人，卿其任意取之，勿谦退也。’贺辞，固使取之，贺唯取戎马一匹而已。”

年朝廷对地方各级官吏考核时，源贺排名第一，于是因功升任太尉（武官中级别最高者，一般为加官）。

北魏皇兴五年（471 年），北魏王朝在皇位继承问题上再次出现难题。当时在位的是魏献文帝拓跋弘，此人颇有才华，刚毅果断，要好好干也是个能有作为的皇帝，但他喜好黄老无为之学，加之大概对冯太后干预朝政有意见，于是产生厌世思想。他干了几年不想干了，但太子拓跋宏才 5 岁，他担心太子接不了班，于是献文帝想把皇位交给叔父京兆王拓跋子推。而定夺这样大的事,必须征询太尉的意见。当时太尉源贺以 65 岁高龄亲自督率诸军屯驻漠南武川地方，朝廷即刻派人通过驿传飞马召源贺返京。

源贺到京后，朝廷召开公卿大会，商讨皇位传承问题。众大臣都不敢首先发言，静默了一阵，任成王拓跋云（子推之弟）先说话，他推辞说皇位不该传给子推，接着源贺说："陛下欲传位皇叔，臣想这样会引起昭穆（即区分辈分、亲疏关系的宗法制度）之紊乱，后世必有逆祀之讥。请郑重考虑任成王之言。"源贺的态度非常关键，可以说能起到很大的导向作用。接着源贺的话茬，众大臣均表态反对禅帝位于子推，而同意传位给皇帝长子拓跋宏。最后献文帝也同意了众大臣的意见，决定由太尉源贺和太保共同持节奉皇帝玉玺传位于太子，自己则当了太上皇帝。

数日后，拓跋宏即皇帝位，这就是历史上有名的魏孝文帝。孝文帝在位初期，由其祖母冯太后临朝理政。在冯太后的抚育、培养下，孝文帝成长为一位具有卓越才华、有胆有识有作为的青年政治家。他在位期间，将北魏都城由平城（今山西大同东北）迁至洛阳，大刀阔斧地改革鲜卑旧俗，全面推行汉化政策，使北魏经济社会得到很大发展。孝文帝是个勤于朝政、从善如流、爱惜民力、生活俭朴的皇帝，在封建皇帝中称得上是有大作为的好皇帝。而他的上台，与源贺有很大关系。

源贺戎马一生，60 多岁时仍带兵打仗，或驻守要塞。他利用闲暇时间学习古今兵法及先儒言论，结合自己的亲身经历和感受，撰成军事著作《十二阵图》。他将该书呈送太上皇帝拓跋弘，拓跋弘阅后称赞有加。

源贺 67 岁时上书请求退休，朝廷不许。后再三请求，才获准许。然而朝中遇有大事时，冯太后、孝文帝都要征询他的意见。北魏太和元年（477 年），源贺 69 岁，他写下遗书告诫子孙：为人做官不要傲吝，不要荒怠，不要奢越，不要嫉妒。有疑多问人，说话要谨慎。行为要谦恭，吃穿要有度，要抑恶扬善，亲近贤者，远离小人。要诚勤以事君，清约以行己。太和三年（479 年）秋，源贺去世，享年 73 岁。朝廷赠给他侍中、太尉、陇西王印绶。谥号曰“宣”。

源贺功勋卓著，在北魏朝廷中身居高位，是两次成功决定北魏皇帝继立的少数重臣之一，为北魏的稳定和强大做出了贡献，在皇室贵族和平民百姓中都享有极高威望。他的几个儿子都很有出息，尤其是第二子源怀，谦恭宽雅，有大度。源贺辞老后，源怀袭征南将军爵号，先后任长安镇将、雍州刺史、殿中尚书、尚书令、尚书左仆射、特进、车骑大将军、凉州大中正、侍中、使持节、行台、骠骑大将军等职，授冯翊郡开国公，也为北魏立下了卓著功勋。他为官很讲原则。怀朔镇将有个叫元尼须的，是他儿时的朋友，犯了贪污、受贿罪，源怀巡抚北方时，元尼须置酒宴请源怀，对源怀说：“我为官好赖，还不是卿一句话吗，难道卿一点情面也不讲？”源怀说：“今天聚会，是源怀与故旧饮酒的场合，不是论断为官好坏的地方。明日公庭之上，才是让人检举揭发镇将罪状的场所。”元尼须无可奈何，只有挥泪而已。后来源怀据实弹劾元尼须，将其罢官。源怀的奉公不挠，于此可见一斑。源怀死后受赠司徒、冀州刺史，谥“惠公”。

源怀的儿子中名气最大的是源子雍，子雍有文才，兼有武略，先后任太子舍人、凉州中正、太中大夫、司徒司马、恒农太守、夏州刺史、散骑常侍、使持节、假抚军将军、都督、行台尚书、中军将军、金紫光禄大夫、给事黄门侍郎、征北将军、镇东将军、冀州刺史等职，封阳平县开国公。源子雍与他的父祖辈一样，由于功劳多，职位也升迁较快。源子雍40多岁时死于战阵，受赠车骑大将军、仪同三司、雍州刺史、司空。谥“庄穆”。

源贺、源怀、源子雍都是北魏的股肱大臣，身居显官要爵，军政地位十分显赫。秃发傉檀如果地下有知，对此定会十分高兴。源子雍的后代中，名列史传者多达20余人，直至唐代，源氏仍是朝廷显族。此处限于篇幅，不再一一赘述。

河西鲜卑秃发氏建立南凉国的过程及前前后后有关的人和事全都讲述完了。所有这些，都成为离我们越来越远的历史。浏览玩味这些历史故事，我们是不是可以从中得到不少有益的启示？

秃发鲜卑之所以能建立南凉王国并一步步走向兴盛，主要原因一是秃发部有较强的凝聚力，拥有较强大的武装，具备一定的政治、经济实力。秃发部迁至河西地区约一个半世纪间，不仅没有被其他民族同化融合掉，反而不断得到发展壮大，乘天下纷乱，地方豪强纷图割据之机，建立了地方政权，说明这支鲜卑人与其他政治势力竞争、较量的能量是相当强的。二是善于联合汉族豪杰儒士和其他民族的人才，强化统治力量，扩大统治基础。秃发乌孤迁都乐都后，广收各方人才，史称“西州之德望”“文武之秀杰”“中州之才令”“秦雍之世门”“四夷之豪隽”都被量才重用，使各得其所，因而国势大振，岭南羌胡数万落皆来归附。秃发利鹿孤在位时，进一步笼络大姓及酋豪，南凉国势得到进一步发展。秃发傉檀取得姑臧后，后凉高官宗敞向他推荐了一批汉族豪族和俊杰之士，均得到重用。南凉行政中枢的官员中，汉族人才约能占到70%，地方官中，汉族也能占到一半以上。三是重视学习儒学文化和汉族统治经验。河西鲜卑所建南凉，无论在政治、经济方面，还是在社会制度方面均不可避免地继承了河西汉族的传统，在文化习俗方面也深受汉族的影响。正是由于他们能较快地摆脱原部落制度、原鲜卑旧俗的羁绊，学习吸收儒学文化，系统模仿汉族政权的统治经验，不仅在政权组织形式上学习模仿，而且大量吸收汉族文武才俊之士参与其政权，才使南凉在汉族聚居地区出现并一度发展到较高水平。秃发氏贵族首领都具有很高的汉文化修养，对儒家经典十分熟悉，言论谈吐惯常引经据典。后秦尚书郎韦宗在姑臧会晤傉檀后，曾感叹说："命世大才，经纶名教者，不必华宗夏士。"他称秃发傉檀"神机秀发"，不愧是"一代之伟人"。秃发利鹿孤在位时，听从部下建议，建立儒学，选耆德硕儒以训胄子，恢复中衰200多年的公学，受到史家很高的评价。

可是，南凉王国很快由盛趋衰，终至亡国，其原因和值得记取的教训又是什么呢？

我认为，南凉趋衰首要的原因是国主秃发傉檀进据姑臧后被胜利冲昏了头脑，变得刚愎自用，对形势不能作出正确判断，穷兵黩武，作出一连串错误决策所致。本来南凉轻松拿下岭北五郡，已引起北凉的忌妒，傉檀本应设法对外结好周邻，对内抚绥百姓，等新占之地巩固以后再徐图拓展，他却多次主动进击强邻北凉，焉有不败之理？其次是南凉频繁地掠徙民户，前后近10次，总数达五六万户，不是把河西地区的各族民户强制迁徙到河湟地区，就是把河湟地区的各族民户强制迁徙到河西地区，有时候是把姑臧城周围的各族民户强制迁徙到城中，不仅造成生产难以为继，更重要的是引起各族群众的强烈反感和怨怒，渐渐地，国内百姓对南凉统治者失去信心，与之离心离德。失去民心的国家焉有不败亡之理？三是与南凉统治者推行兵农分离政策，存有民族猜疑心理也有关系。晋人（汉族）专事生产“以供军国之用”，国人（鲜卑人）专事征战“以诛未宾”，这是南凉奉行多年的基本国策之一。这一政策虽未能得到严格贯彻，但民族猜忌意识确实是存在的，这在傉檀太子秃发虎台身上体现得最为典型。虎台在其父西掠牲畜期间奉命守乐都城，在兵临城下、自身兵力单弱、危在旦夕的情况下，竟将有勇有谋的汉族将士软禁起来，不准其参战御敌，最终造成城破国亡的后果。四是经济崩溃。由于连年战争，顾不上发展生产，且败多胜少，有损无补，使南凉经济到了难以为继的地步。“连年不收，上下饥弊”的困境是导致南凉亡国的直接原因。

纵观南凉盛衰的历史，后世之人应当记取的经验教训至少有以下三点：一是戒专断。当权者任何时候都不能刚愎自用，尤其是顺利时不能狂妄骄傲，要尽可能建立好的决策机制。二是慎用兵。千万不能穷兵黩武，不可轻易把战争强加给人，那样只能搬起石头砸自己的脚。三是恤民力。要有爱百姓之心，懂得得民心者得天下，失民心者失天下的道理，任何时候都不能无视老百姓的利益，做伤害百姓的事。

这本小书到此结束，这里仿古籍二十四史中人物传《赞》的体例，为南凉作《赞》如下：

系出鲜卑，坐大河西。农牧兼营，汉羌杂处。秃发乌孤，开国英主。广纳贤才，不拘本族。势力渐盛，廉川称王。旋迁乐都，国势日强。宏图未竟，坠马伤亡。弟利鹿孤，继承大统。称王“河西”，迁都西平。广开言路，择善而从。不急称霸，欲行仁政。采纳良谋，建学有功。季弟傉檀，才略超群。迁回乐都，以“凉王”称。开疆拓土，功高二昆。兵不血刃，地增五郡。迁都姑臧，势臻极盛。盛极趋衰，刚愎自用。先衄赫连，再输蒙逊。退守乐都，本可复兴。奈何好战，部众离心。穷兵黩武，国势分崩。连年饥荒，祸不单行。势穷遭袭，亡于西秦。后世为政，切慎黩兵。决策最忌，独断专行。爱民惜民，执政之本。民族杂居，和好共荣。南凉教训，可为我用。

主要参考文献

1.〔唐〕房玄龄等:《晋书》，北京:中华书局，1976 年。

2.〔北齐〕魏收 :《魏书》，北京 : 中华书局，1976 年。

3.〔北宋〕司马光 :《资治通鉴》，北京 : 中华书局，1956 年。

4.〔明〕汤球:《十六国春秋辑补》，北京:商务印书馆，1958 年。

5. 周伟洲 :《南凉与西秦》，西安 : 陕西人民出版社，1987 年。

6. 崔永红、张得祖、杜常顺主编:《青海通史》，西宁:青海人民出版社，1999 年。

7. 白寿彝总主编 :《中国通史》第 5 卷（上下册），上海 : 上海人民出版社，1995 年。

8.〔清〕张澍辑著 :《凉州府志备考》，武威市市志编纂委员会校印，1987 年内部印行本。

后记

这本小书原是我2003年草撰的，属于《青海史话丛书》中的一本，2004年由青海人民出版社出版。《青海史话丛书》的策划人是当时青海省地方志编纂委员会办公室主任谭奇，组织工作由省地方志编纂委员会办公室承担，应谭主任之邀，由我忝任主编。该丛书（总共20册）出版后，在社会上得到一定的好评，曾经获得省级哲学社会科学三等奖。18年过去了，承蒙青海省地方志编纂委员会办公室主任杨松义、青海人民出版社副总编戴发旺二位先生的厚爱，在丛书的基础上，精选其中有关内容，经原作者修改完善，形成了《走进青海历史文化丛书》，本人编著的《南凉故事》是其中的一部分。丛书的定位是“大众普及类历史文化读物”，策划者要求作者对原书文字进行再加工、再提高，进一步订正史实，核查原文和出处，认真校核，确保舛误彻底清零。要以坚实的学术研究作支撑，大体遵循地方志的笔法，尽可能照顾大众的阅读旨趣，写得比较活泼一些、可读性强一些。2022年4月开始，我对原书文字进行了认真加工修改，增加了3万余字的内容，特别是增添了许多页下注，主要是《魏书》《晋书》《资治通鉴》等典籍的原始记载。我认为，这样做便于读者将书中所写的话句与古籍加以对照，有助于读者认可书中所写内容的真实性，了解这本书基本上是把权威史料中散见的相关记载加以汇总，并加以条理化、连贯化，将凝练难懂的古汉语译写成了现代语体的文字而已，所有内容均言之有据。这样一来，我认为这本书的学术性有了一定程度的提升，符合策划方对原书文字进行再加工、再提高的要求，也可能适合喜欢“打破砂锅问到底”的读者的口味。与此同时，保留了原先作为史话读物追求可读性、通俗性的特点，如在不违背基本史实真实的前提下，适度添加一些诸如场面铺陈、勾描等的文字，以增加画面感等。

崔永红

2022年6月